LE SUBSTITUANT

DU

CONDENSEUR A SURFACE.

NOUVELLE

APPLICATION DE LA VAPEUR SURCHAUFFÉE.

SUIVI DE QUELQUES

CONSIDÉRATIONS SUR DES APPAREILS PERFECTIONNÉS

DESTINÉS A VAPORISER L'EAU.

PAR

ÉMILE MARTIN,

CHIMISTE FRANÇAIS,

MEMBRE DE LA SOCIÉTÉ DES ARTS ET MANUFACTURES DE LONDRES (SECTION DE CHIMIE)
ET CORRESPONDANT DE PLUSIEURS SOCIÉTÉS SAVANTES D'ANGLETERRE.

Dédié à Son Excellence

MONS. LE CHEVALIER W.-J.-C. HUYSSEN VAN KATTENDYKE,

Ministre de la Marine Royale Néerlandaise.

LONDRES:

BARTHÈS & LOWELL,

PUBLISHERS,

14, GREAT MARLBOROUGH STREET, REGENT STREET,

ET 5, RUE DE VERNEUIL, A PARIS.

1865.

LE SUBSTITUANT
DU CONDENSEUR A SURFACE.

V

46110

LE SUBSTITUANT

DU

CONDENSEUR A SURFACE.

NOUVELLE

APPLICATION DE LA VAPEUR SURCHAUFFÉE.

SUIVI DE QUELQUES

CONSIDÉRATIONS SUR DES APPAREILS PERFECTIONNÉS

DESTINÉS A VAPORISER L'EAU.

PAR

ÉMILE MARTIN,

CHIMISTE FRANÇAIS,

MEMBRE DE LA SOCIÉTÉ DES ARTS ET MANUFACTURES DE LONDRES (SECTION DE CHIMIE)
ET CORRESPONDANT DE PLUSIEURS SOCIÉTÉS SAVANTES D'ANGLETERRE.

Dédié à Son Excellence

MONS. LE CHEVALIER W.-J.-C. HUYSSEN VAN KATTENDYKE,

Ministre de la Marine Royale Néerlandaise.

LONDRES:

BARTHÈS & LOWELL,

PUBLISHERS,

14, GREAT MARLBOROUGH STREET, REGENT STREET,

ET 5, RUE DE VERNEUIL, A PARIS.

1865.

OUVRAGES DU MÊME AUTEUR.

Pour paraître le 1ᵉʳ mars 1865, à la librairie Kraft, à La Haye :

I.

DU CARBONE DE LA HOUILLE ET DE SES DEUX COM-
BUSTIONS SUCCESSIVES.—Ouvrage publié sous les auspices
de Son Excellence Monsieur le Chevalier W.-J.-C. HUYSSEN VAN
KATTENDYKE, Ministre de la Marine Royale Néerlandaise.

II.

MOYEN DE PRÉVENIR L'INFLAMMABILITÉ ACCIDENTELLE
DES HUILES DE PÉTROLE ET AUTRES HUILES MINÉ-
RALES VOLATILES.—Traité pratique de l'extraction du pétrole
en Amérique et de ses différents degrés de distillation.

III.

DE L'EAU DISTILLÉE, SUBSTITUÉE A L'EAU ORDINAIRE
OU A L'EAU DE MER, POUR L'ALIMENTATION DES
CHAUDIÈRES A VAPEUR.

LONDRES :
IMPRIMERIE DE COX & WYMAN, 74 et 75, GREAT QUEEN STREET, LINCOLN'S-INN FIELDS.

TABLE DES MATIÈRES

CONTENUES DANS CE VOLUME.

Londres, 24 *décembre* 1864.

A SON EXCELLENCE

MONSIEUR LE CHEVALIER

W.-J.-C. HUYSSEN van KATTENDYKE,

MINISTRE DE LA MARINE ROYALE NÉERLANDAISE

A LA HAYE.

MONSIEUR LE MINISTRE,

VOTRE EXCELLENCE a daigné me permettre de publier sous Ses auspices mon ouvrage intitulé : " *Du Carbone de la Houille et de Ses deux combustions successives ;*" mais, par suite des travaux que j'ai entrepris à Londres,—travaux qui semblent devoir être couronnés de succès, — cet ouvrage ne paraîtra que dans deux mois.*

En attendant, je prends la liberté de vous dédier celui-ci, faible témoignage de ma respectueuse reconnaissance et de la gratitude que je vous ai vouée pour votre haute bienveillance à mon égard, pour les services que vous avez rendus à la science et à la marine, en m'autorisant à faire à l'Arsenal Royal d'Amsterdam les essais de mes premiers appareils gazéificateurs des combustibles, qui, quoique ne pouvant être appliqués, ni à la navigation à vapeur, ni à la locomotion sur les chemins de fer, ont cependant leur valeur industrielle, comme ceux qui font l'objet de ce livre, et que je vais avoir l'honneur de vous décrire. Le but de ces derniers est de développer et d'utiliser le maximum du pouvoir calorifique des combustibles solides, sans chercher à les gazéifier avant de les employer. Ce simple énoncé permettra à Votre Excellence d'en apprécier à l'avance l'importance réelle.

Si, pour mes premiers travaux, comme pour ceux-ci, quelque honneur doit me revenir, c'est à Votre Excellence que je le rapporte tout entier; car Elle a, par Son autorisation libérale, ouvert la voie à des principes nouveaux, appelés à faire époque dans l'industrie et dans la marine, et qui sans Son appui eussent été peut-être bien lents à se faire jour.

* A la librairie Kraft, à la Haye.

Je croirais cependant manquer à un devoir — et Votre Excellence sera de mon avis — si je passais sous silence le nom de M. Th. Gudin, notre célèbre peintre de marine, à l'amitié duquel je dois l'honneur de vous avoir été présenté ; le nom aussi de M. Huÿgens, capitaine de frégate, inspecteur du service à vapeur de la Marine Royale Néerlandaise, pour le concours si bienveillant que j'ai reçu de lui pendant mon séjour en Hollande : quelle que soit la modestie de M. Huÿgens (et elle est presque égale à sa science), il m'excusera de n'avoir pu m'empêcher de le remercier ainsi publiquement. Je lui dois aussi de m'avoir assuré alors la coopération de M. Van Den Bosch, ingénieur de marine à l'arsenal Royal d'Amsterdam, dont je me suis fait un ami.

Ai-je besoin de rappeler à Votre Excellence que la question de l'économie des combustibles est l'une des plus importantes de notre époque ? Elle intéresse la marine, les arts métallurgiques, toutes les industries qui reçoivent la vie de la force motrice de la vapeur. Cette force puissante, colossale — que l'on fait naître à volonté — est la cause et le principe de la rapide communication des peuples entre eux, et de l'essor extraordinaire que l'industrie a pris dans toutes les directions où s'exerce l'activité humaine. Elle est due, comme on sait, à la chaleur que développe la combustion de substances connues sous le nom de combustibles, parmi lesquelles la houille occupe le premier rang.

Il est donc incontestablement vrai de dire, en se plaçant au point de vue industriel, que c'est par la quantité de houille que consomme une nation, qu'on peut mesurer le degré de sa civilisation et de son opulence.

S'il fallait un exemple à l'appui de cette vérité, nous le prendrions de ce côté-ci du détroit, en Angleterre, où sur une production de 650 millions de quintaux métriques de houille, — 488 millions de quintaux métriques sont consommés dans le pays même. La statistique pour 1861, publiée par M. Fairbairn, célèbre ingénieur, donne les résultats suivants :

Les mines et les usines, où l'on travaille les métaux, se sont créé une force motrice totale de 450,000 chevaux-vapeur; les manufactures et les fabriques ne comptent pas moins de 1,350,000 chevaux; la navigation 850,000 et la locomotion 1,000,000,—ce qui représente un total général de 3,650,000 chevaux-vapeur. Mais, supposant avec raison que chaque machine travaille en général au triple de sa force nominale, M. Fairbairn élève à 11,000,000 le chiffre précédent !

En France, où la marine et l'industrie sont si florissantes sous le règne de Napoléon III, la consommation de la houille dépasse annuellement de

60 millions de quintaux métriques la production de l'Empire, qui cependant s'élève à plus de 8 millions de tonnes ; c'est le travail de plus de 20 millions de chevaux-vapeur fonctionnant dix heures par jour. Donc, la consommation actuelle de la France est de 139 millions de quintaux métriques, représentant à peu près une somme de 350 millions de francs.

Il devient manifeste, en présence de tels chiffres, qu'une économie sur cette énorme dépense de combustible — fût-elle infime — mérite d'être prise en considération ; car, bien qu'elle soit répartie sur tous les objets fabriqués, et qu'elle paraisse insignifiante aux consommateurs — parce qu'elle pèse sur eux très-indirectement — cette dépense n'en est pas moins pour l'industrie un obstacle, qui paralyse ses efforts et arrête son développement. Elle est aussi la préoccupation des hommes d'État, des économistes et des manufacturiers, qui n'ignorent pas que, ni les frais de transport entre l'Angleterre, la Belgique et la France, ni les prix d'extraction de la houille ne peuvent plus être réduits sans cesser d'être rémunérateurs, ainsi que le témoignent les agitations qui surgissent périodiquement au sein des populations des bassins houillers de l'Angleterre et de la Belgique, et qui troublent la paix publique. De ce côté, il est donc impossible de réaliser une économie sur les prix actuels, qui tendent au contraire à s'élever de plus en plus.

Il faut conséquemment chercher ailleurs les améliorations tant désirées.

Depuis les mémorables inventions de J. Watt, depuis l'emploi des grandes détentes qui permettent de mieux ménager le travail de la vapeur, en le rendant de jour en jour plus fécond, tandis que les machines à double effet, à moyenne et à haute pression revêtent tour-à-tour des formes appropriées à chaque industrie, tandis que tous ces mécanismes, — qui donnent partout la vie et le mouvement,— produisent des résultats prodigieux, presque féeriques, le générateur de vapeur, la combustion et le chauffage, ont peu ou n'ont point participé à ces merveilles des temps modernes.

C'est là une vérité que personne ne saurait nier.

Et pourtant n'est-ce pas de la combustion que naissent la force, la cause du mouvement, sans lesquelles la machine, à quelque degré de perfection qu'on la suppose parvenue, ne sortirait pas de son inertie ?

La machine n'est que l'instrument d'une puissance, et non la puissance elle-même, comme ont paru le penser certains inventeurs. La machine sans la combustion, c'est le fusil sans capsule ou sans poudre, le véhicule, si bien fabriqué qu'il soit d'ailleurs, sans la force animée qui doit le mettre en mouvement,—

c'est en un mot *le corps* sans cette étincelle qui lui donne la vie et qui s'appelle *l'âme*.

Mais il est indispensable de donner à ces mots " *économie du combustible* " leur véritable signification.

Il y a deux manières d'effectuer *économiquement* un travail quelconque : l'une, élémentaire, consiste, étant donnés les instruments ordinaires, à en tirer simplement le meilleur parti possible ; l'autre, intelligente, à perfectionner d'abord les instruments mis en œuvre, puis à leur faire rendre le maximum de l'effet utile : la première économie est celle de la routine ; la seconde, celle du progrès.

On comprend que deux Sociétés, à Amiens et à Mulhouse (Alsace), aient pu, dans le but d'encourager une classe intéressante de travailleurs, récompenser dans un concours de chauffeurs celui qui avait réalisé, avec des appareils ordinaires, l'économie la plus importante ; mais quelle conclusion probante pourrait-on tirer de ce fait à l'égard de la question qui nous occupe ? Aucune, pensons-nous, car le lauréat du .concours ne peut, quoiqu'il fasse, quelques soins qu'il apporte à son travail, tirer de ses foyers, de sa chaudière, plus qu'ils ne peuvent produire.

La physique nous apprend que, pour développer,

comme pour utiliser, toute la chaleur qui naît de la combustion, il faut recourir à une disposition d'appareils qui n'existe point encore dans la pratique ; elle nous apprend en même temps que la combustion—dans des foyers de chaudières à vapeur, encore plus que dans le calorimètre le plus parfait—entraîne inévitablement la production d'une certaine quantité d'oxyde de carbone (parfois 7 pour cent), qu'il faut brûler dans un milieu autre que celui dans lequel il a été généré, afin d'obtenir, par cette double opération successive, la transformation totale du carbone de la houille en acide carbonique, transformation qui seule peut donner la preuve que la combustion a été complète, et qu'elle a produit conséquemment le maximum de l'effet utile du combustible employé.

Or, ces conditions impérieuses, absolues, sont-elles remplies avec le système de chauffage actuel ? Non. Donc, si, au simple exposé du but que je crois avoir atteint, on répond que ce résultat s'obtiendrait également à l'aide de soins intelligents ; si, alors que je prétends pouvoir réaliser une économie de 30 à 40 pour cent, on m'objecte que, sans qu'aucune modification soit apportée aux appareils ordinaires, il est tel ou tel chauffeur qui peut parvenir à une économie semblable,—je maintiens que l'économie que j'offre est absolument indépendante de celle qu'un homme intelligent peut obtenir, et que la mienne vient s'ajouter à la sienne : il y a plus, elle est tellement indépendante de tout travail, de tout soin manuel, de toute volonté, de tout effort, que je l'obtiens même avec un chauffeur négligent, ignorant son métier. C'est dire que cette économie réside toute dans le principe de l'appareil et non dans la façon plus ou moins habile dont il est mis en œuvre. Si j'ajoute qu'en obtenant cette économie de combustible, j'évite, au moyen du substituant du condenseur à surface, les incrustations des chaudières en les alimentant à l'eau distillée, — ce qui est une nouvelle source d'économie,—j'aurai indiqué tous les résultats que procure l'emploi de mes appareils, et il ne me restera plus qu'à prouver par des chiffres et des faits mes différentes assertions : tel est le but de l'ouvrage que j'écris, et que j'ai pris, en commençant cette lettre, la liberté de dédier à Votre Excellence, assuré que je suis qu'Elle voudra bien lui accorder Son patronage, si, comme j'en ai la conviction, j'ai pu, dans l'exposé qui va suivre, faire progresser la science appliquée à l'industrie, ne fût-ce que d'un pas, dans la voie pratique.

En terminant, permettez-moi, Monsieur le Ministre, d'accuser réception à Votre Excellence de la lettre si sympathique par laquelle vous m'avez annoncé que vous aviez donné l'ordre de déposer au Musée de la Marine Royale Néerlandaise les différents modèles en cuivre de mes appareils que j'ai eu l'honneur de vous adresser : c'est là pour moi un nouveau motif de gratitude à ajouter à tous ceux que votre haute bienveillance m'a déjà fournis.

Ce serait encore manquer à un devoir impérieux que de ne pas reconnaître ici la part importante qu'ont prise au développement de mon œuvre M. Pierre Schaken, de la maison Parent, Schaken & Cie, et M. A.-B. Bruneau, administrateur-directeur de plusieurs chemins de fer, ancien représentant de la Chambre Belge. Pour l'idée, comme pour la matière, il faut un principe fécondant, et je serais ingrat de ne pas dire quel précieux concours j'ai trouvé en ces deux Messieurs.

Veuillez bien excuser ce témoignage public de reconnaissance et me croire,

Monsieur le Ministre,

De Votre Excellence

Le très-dévoué et très-respectueux Serviteur,

ÉMILE MARTIN.

11, *Adam Street, Adelphi, à Londres.*

LE SUBSTITUANT

DU CONDENSEUR A SURFACE.

OBSERVATIONS PRÉLIMINAIRES.

> " Les moyens d'empêcher les incrustations
> " dans les chaudières à vapeur se rattachent
> " intimement à la question d'économie de
> " combustible."

PRÉVENIR les incrustations qui se forment dans les chaudières à vapeur, en les alimentant avec de l'eau distillée, au lieu de l'eau ordinaire, ou de l'eau de mer, c'est réaliser un progrès immense, qui peut se formuler de la manière suivante : —

B

1°. Prolongation notable de la durée des chaudières et des organes des machines ;—2° Economie de combustible, qu'on peut évaluer, pour la Grande-Bretagne seulement, à plusieurs millions de tonnes de houille, en ne tenant compte que de la consommation de ses chaudières stationnaires ;—3° Diminution, dans une proportion notable, sinon annihilation entière, des risques d'explosions ; — 4° Suppression des condenseurs à surface, et en même temps réalisation d'une économie de combustible égale à celle qui résulte de leur emploi, — ce qui n'est rien moins qu'une révolution dans la navigation à vapeur.

De tels avantages méritent d'être pris en considération ; ils expliquent surabondamment toutes les tentatives qui ont été faites depuis l'invention de la machine à vapeur jusqu'à ce jour pour les obtenir, sans qu'il soit nécessaire d'insister sur ce point. Mais le but vers lequel ont tendu tant d'efforts, tant d'intelligences, a-t-il été atteint ? *"That is the question."*

Lorsque, dans des cas spéciaux, les moyens mis en œuvre pour empêcher les incrustations ont réussi, il s'est toujours manifesté, en même temps, des inconvénients encore plus graves, quoique d'un autre ordre, entraînant à plus de dépenses que ceux qu'on voulait éviter, en sorte que, loin d'obvier au mal, on ne faisait que le déplacer, en l'aggravant.

" Il serait fort long et fort oiseux de décrire les mille et
" un procédés qui ont été proposés pour combattre les incrus-
" tations des chaudières. La plupart de ces procédés déclarés
" infaillibles par leurs inventeurs, ou bien sont inefficaces, ou
" bien présentent à côté d'avantages douteux des inconvé-
" nients qui le sont malheureusement beaucoup moins,
" tels que l'encrassement des machines par l'eau chargée
" des matières employées, ou la corrosion des chaudières
" par l'action chimique de ces matières sur le fer."—*De
l'Économie du Combustible, par E. Bède, Agrégé à
l'Université de Liège.*

Les seuls procédés usités, ou proposés qui offrent quelques avantages—quoique très-coûteux et toujours insuffi-
sants—sont les suivants :

1° La méthode des extractions périodiques ou continues.

2° Le chauffage de l'eau par la vapeur de détente ou
d'échappement.

3° Le chauffage de l'eau jusqu'au point d'ébullition de l'eau
de la chaudière, par un foyer additionnel ou spécial.

4° L'alimentation monhydrique, ou, en d'autres termes,
l'alimentation par la même eau, au moyen de la
vapeur ramenée à l'état liquide dans le condenseur
à surface.

DES EXTRACTIONS.

Les extractions s'effectuent avant que l'eau de la chaudière ait pu se saturer des sels qu'elle contient. Dans ce but on ouvre d'heure en heure (ou plus souvent, selon le cas) des robinets de vidange qui débouchent vers le fond de la chaudière. On fait écouler ainsi une certaine quantité d'eau, que l'on remplace aussitôt par de l'eau amenée par les pompes alimentaires.

Dans la marine Impériale de France, on n'emploie que des extractions continues. L'eau des chaudières est maintenue à 0·10 de concentration totale, ce qui correspond à 0·5 kilogramme d'extraction par chaque kilogramme d'eau vaporisée, ou bien encore par chaque kilogramme 5 d'eau d'alimentation, soit enfin à 3 degrés du saturomètre adopté par les règlements et observé à chaud.

Dans la marine Royale Néerlandaise, les extractions sont faites à la main et périodiquement, selon les indications du pèse-sel. On a le soin avant d'ouvrir les robinets de décharge de laisser monter de 6 à 8 centimètres l'eau de la chaudière au-dessus de son niveau normal.

Dans les steamers bien agencés de la marine Royale

d'Angleterre, les machines sont pourvues de pompes d'extraction, lesquelles devraient extraire, selon les règlements de l'Amirauté, une quantité d'eau chaude au moins égale à la moitié de la quantité d'eau introduite dans les chaudières par les pompes alimentaires, et, nonobstant cette dépense énorme de chaleur, équivalant au moins aux $\frac{3}{4}$ du combustible brûlé sur les grilles des fourneaux,— les chaudières n'en sont pas moins tapissées de matières incrustantes ayant une notable épaisseur.

N'est-il pas à regretter que, malgré les plus louables efforts, on n'ait jamais pu trouver le moyen de reprendre à cette immense quantité d'eau—continuellement expulsée des chaudières à une température égale à celle de la vapeur générée—la chaleur qu'elle renferme ? On a bien cherché à utiliser une partie de cette chaleur perdue, en faisant sortir l'eau chaude par des tubes placés au centre même des tuyaux conduisant l'eau froide aux pompes alimentaires ; mais, à cause des incrustations qui se forment dans les conduites de l'eau chaude et qui mettent obstacle à la transmission de la chaleur entre les deux colonnes d'eau, ce mode de chauffage, quoique simple et rationnel, a été rejeté dans la pratique, comme ne rendant pas même l'équivalent du peu de travail qu'il nécessitait.

Avec le système des extractions, l'emploi des moyennes et des hautes pressions est impossible à la mer, attendu qu'il existe constamment dans la chaudière une quantité suffisante de matières incrustantes, qui rendrait dangereux, à cause des explosions qu'il ferait naître, un chauffage actif, énergique; et que, d'un autre côté, les pompes ne pourraient puiser de l'eau à une température un peu élevée, sans que celle-ci se vaporisât et occupât le corps des pompes à chaque coup de piston.

En résumé, les pertes résultant des extractions peuvent s'énumérer ainsi :—1°. Perte de trente-trois pour cent du combustible brûlé dans les foyers des chaudières, selon les expériences souvent répétées des ingénieurs les plus compétents, notamment de M. Halliday, de la célèbre maison de construction John Penn & Fils, de Greenwich, expériences faites sur une moyenne de 12 mois de navigation ;—2°. Perte de chaleur par les incrustations, en moyenne dix pour cent ;— 3°. Impossibilité d'obtenir, sans danger d'explosion, des pressions élevées,—partant impossibilité de faire détendre la vapeur et de réaliser les économies de combustible qu'on a toujours en vue dans les constructions nouvelles.

DU CHAUFFAGE DE L'EAU

AVANT SON INTRODUCTION DANS LA CHAUDIÈRE,

EN Y CONDENSANT

LA VAPEUR DE DÉTENTE OU D'ÉCHAPPEMENT.

———

La propriété remarquable que possède la vapeur, de restituer, après avoir accompli son travail, la partie disponible du calorique qu'elle a absorbé en se formant, est utilisée ici pour échauffer l'eau d'alimentation dans des appareils fort simples de construction et disposés de manière à pouvoir recueillir facilement la majeure partie des matières incrustantes contenues dans l'eau, et cela sans opérer de contre-pression sur le piston et conséquemment sans nuire à la marche de la machine. Mais il faut se hâter de reconnaître que la plupart de ces appareils ne remplissent nullement cette dernière et importante condition. Tous, ou presque tous, sont défectueux à cet égard. Dans ce cas, le service rendu ne compense point les pertes de travail encourues, qui peuvent prendre des proportions relativement énormes.

Ces appareils sont d'ailleurs inefficaces à la mer et n'atteignent que très-imparfaitement leur but pour le service des chaudières stationnaires. En effet, le maximum de température qu'on puisse obtenir par la condensation de la vapeur de détente ne dépasse pas 100° C. Or, il résulte de nos expériences et de celles de M. Cousté—à qui la science est redevable d'un mémoire très-approfondi sur les incrustations des chaudières—que, à la température de 100° C., ni le bicarbonate de chaux, ni le bicarbonate de magnésie, ne peuvent être précipités de leur dissolution, et encore moins le sulfate de chaux, qui forme la base des incrustations, et qui n'est insoluble qu'à 150° C.

Conséquemment, l'eau, à sa sortie des appareils, contient encore des sels calcaires incrustants, dont la proportion varie entre 30, 40, et même 60 pour cent, s'il s'agit d'eau séléniteuse, donnant lieu à des dépôts formés presque exclusivement de sulfate de chaux (ou plâtre).

Par exemple, la composition de l'eau de la Seine puisée au pont Notre-Dame, est la suivante : bicarbonate de chaux et de magnésie 1g140 ; sulfate de chaux et de magnésie 0g643 ; silice, chlorures, matières végétales et pertes 0g042. Eh bien ! Des expériences nombreuses ont toujours fait voir qu'à sa sortie des appareils, l'eau renferme encore : 1°, 0g180 de bicarbonate de chaux et de magnésie ; 2°, 0g300 de sulfate de chaux et de magnésie ; 3°, enfin, 0g025 de silice, chlorures, etc., etc. D'où il suit qu'on n'a pu éliminer de l'eau, à l'aide de la vapeur d'échappement, que 0g96 (83·3 pour cent) de bicarbonate de chaux et de magnésie; 0g343 de sulfate de chaux et de magnésie (53·2 pour cent), et 0·017 de silice, chlorures, etc., etc. (40·5 pour cent).

Ces chiffres sont concluants et permettent de ne pas pousser plus loin la démonstration.

DU CHAUFFAGE DE L'EAU

JUSQU'A LA TEMPÉRATURE

DE L'ÉBULLITION DE L'EAU DANS LA CHAUDIÈRE,

PAR UN FOYER ADDITIONNEL OU SPÉCIAL.

" Si l'on cherchait à opérer préalablement une séparation
" mécanique des sels en chauffant l'eau d'alimentation à une
" forte température, de 16° par exemple, il faudrait un appareil
" préparatoire bien considérable pour l'objet qu'il aurait à
" atteindre ; il devrait prendre environ le cinquième de la
" surface de chauffe, ou un foyer sur cinq ; en effet, si la
" pression des chaudières est à cinq atmosphères, la chaleur
" de la vapeur est exprimée par 700° et celle de l'eau par 160°.
" En déduisant les calories de l'eau d'alimentation, qu'on
" peut supposer à 40°, on trouve par le rapport 5·5."—
(*Études sur les Machines à vapeur* (p. 52), par M. Victor
Delacour, ingénieur de marine, directeur des travaux des
Messageries Impériales.)

En effet, la quantité de chaleur nécessaire pour élever

l'eau jusqu'au point dit " de l'ébullition " est à peu près le quart de celle qui reste à lui communiquer pour la transformer en vapeur, ou le cinquième environ de la totalité du calorique rigoureusement indispensable à la vaporisation de l'eau froide. Il est donc évident que, lorsqu'il s'agit, comme dans l'exemple précédent, d'une chaudière marine chauffée par cinq foyers, l'un de ces foyers—ainsi que toute la surface de chauffe directe ou indirecte qui lui correspond—peut être employé à chauffer l'eau d'alimentation, afin d'en séparer les substances incrustantes, tandis que les quatre autres ne serviraient plus qu'à vaporiser l'eau préalablement chauffée. Mais s'il est vrai de dire que cet arrangement est un progrès, il faut en même temps reconnaître qu'il ne saurait avoir la prétention de résoudre la question d'économie de combustible, qu'on se propose toujours comme but dans les perfectionnements de la machine à vapeur. Sans doute, théoriquement et pratiquement, il n'y a aucune perte à chauffer l'eau qu'on doit vaporiser ensuite, mais on se demande si le nettoyage de la section de la chaudière destinée à recevoir la totalité des sels incrustants n'est pas plus difficile, plus coûteux que celui de la chaudière elle-même, et si cette section ne se trouve pas exposée davantage à des coups de feu fréquents, qui la mettraient bientôt hors de service et qui augmenteraient les dangers d'explosion ? Par cet arrangement, assurément très-ingénieux, on limite le mal, on lui fait sa part ; rien de plus.

Qu'on se représente deux chaudières stationnaires A et B,

reliées l'une à l'autre par un tuyau, et chauffées par deux foyers distincts. La chaudière A reçoit l'eau d'alimentation d'un bac, où s'est condensée la vapeur de détente. De là, cette eau, sans avoir atteint le degré de chaleur nécessaire à sa vaporisation, se rend dans la chaudière B, au moyen d'un robinet de décharge, en laissant derrière elle, au fond de la chaudière A, la plus grande partie de ses matières incrustantes, en sorte que la chaudière A est sacrifiée pour empêcher la chaudière B de s'incruster. Mais quelle économie de combustible aura-t-on ainsi réalisée? Aucune. Au contraire, la dépense de charbon se sera accrue, parce qu'il aura fallu entretenir la combustion par deux foyers séparés pour obtenir la totalité du calorique requis pour la vaporisation de l'eau.

On pourrait objecter cependant qu'on peut réduire d'un cinquième la capacité de la chaudière A par rapport à la chaudière B. Soit; mais, par contre, la chaudière A s'usera cent fois plus vite que la chaudière B, attendu que rarement l'eau se trouvera en contact avec ses parois inférieures (à cause des incrustations), là précisément où l'action du foyer a le plus d'énergie. En outre, ne faudra-t-il pas disposer d'un moyen expéditif pour se débarrasser des sels incrustants au fur et à mesure de leur formation, afin d'éviter l'encombrement dans la chaudière et d'assurer le fonctionnement de celle-ci? On le voit, dans la pratique ces dispositions ne sont pas possibles : elles portent avec elles la menace constante d'explosions inévitables.

Récemment on a proposé en France un autre système. Il consisterait à remplacer, à bord des navires à vapeur, l'alimentation à l'eau de mer par l'alimentation à l'eau douce. Il faudrait donc d'abord s'approvisionner d'eau en grande quantité, qu'on emploierait ensuite successivement de la chaudière au condenseur ordinaire, du condenseur à un réfrigérant offrant des surfaces énormes, du réfrigérant au condenseur, *et vice versâ*. Tous ces divers mouvements de l'eau seraient réglés par la machine. Quel est le sort réservé à cette invention ? L'avenir nous l'apprendra.

DE

L'ALIMENTATION PAR LA MÊME EAU,

A L'AIDE

DU CONDENSEUR A SURFACE.

La condensation de la vapeur au moyen de surfaces refroidies, maintenues le plus possible à la température de l'air ambiant, est une idée très-ancienne, attribuée à Savery, qui paraît avoir été le premier à l'adopter, en l'année 1698, dans sa première machine, dont les cylindres étaient mis en contact avec de l'eau froide, dans le but d'y condenser la vapeur dès qu'elle avait accompli son travail. Le même mode de condensation se retrouve plus tard dans les machines de Newcomen, perfectionnées par Smeaton. Certainement il y avait là les prémisses d'un grand progrès; mais ce système de condensation entraînait des pertes de chaleur considérables; car, à chaque coup de piston, il fallait condenser la vapeur dans le cylindre et élever de nouveau la température de celui-ci. On perdait ainsi l'équivalent de 32 pour cent du combustible brûlé, indépendamment du temps d'arrêt nécessaire pour opérer ce double travail. Ces inconvénients eussent été certainement un obstacle à la vulgarisation de la machine à vapeur, si le célèbre J. Watt, éclairé par son génie révélateur, n'eût eu l'idée de condenser la vapeur dans un vase séparé, mis en communication avec la machine. De là l'origine du condenseur à eau, que l'illustre mécanicien fit breveter en 1770, et qui a servi de point de départ à la machine à vapeur.

On sait que, peu après son invention mémorable, J. Watt chercha à employer les condenseurs à surfaces métalliques ; mais il revint bientôt à son système de condensation. " Le " volume du condenseur à surface," disait-il, " et son prix " excessif pour les grandes machines, me décident à en " abandonner l'usage."

En 1832, Samuel Hall reprit l'idée abandonnée par J. Watt, fermement convaincu alors qu'il n'avait à triompher que de quelques défauts de construction, et le condenseur à surface passa de l'état de théorie, où il était depuis l'époque de son invention, dans le domaine de la pratique.

Le condenseur à surface de Hall consiste en une capacité cylindrique renfermant un nombre considérable de tubes en cuivre, que traverse la vapeur en s'y condensant. Ces tubes plongent dans une eau abondante, constamment renouvelée, afin que, par son contact avec eux, elle ne s'échauffe que modérément. Sans doute le condenseur à surface offre des avantages importants sous le rapport de l'économie de com-

bustible ; mais malheureusement la pratique n'a pas cessé
de faire voir, en les mettant de plus en plus en relief, tous ses
inconvénients, toutes ses imperfections. En effet il est d'un
prix de revient très-élevé ; il est sujet à de fréquentes réparations ; son efficacité, après un service très-court, est nulle,
à cause des graisses entraînées par la vapeur dont se tapissent
les tubes, et des incrustations dont ils se recouvrent promptement, et qui ôtent au métal sa conductibilité.

De plus,—par un phénomène singulier, qui a donné lieu à
trois théories différentes, — la vapeur liquéfiée dans le condenseur devient le véhicule d'un agent corrosif, qui attaque
par contact les organes de la machine et la chaudière, qu'elle
use promptement. L'élément destructeur doit-il être attribué
à une action galvanique, ou à une combinaison des acides
gras avec le métal dont est formée la chaudière, ou à la
raréfaction de l'air qui devrait se trouver dans l'eau, ou enfin
à toutes ces circonstances réunies ? Il y a divergence
d'opinions sur les causes du mal ; mais on est unanime à
en reconnaître les conséquences dangereuses. C'est pourquoi,
depuis les travaux de J. Watt jusqu'à l'époque actuelle, la
question n'a pas cessé d'être à l'ordre du jour.

Parmi les inventeurs habiles qui ont obtenu des résultats
partiels, M. Sauvage mérite d'être cité. Dans son système,
on reçoit la vapeur à condenser dans un tuyau enveloppé par
une capacité cylindrique, à l'intérieur de laquelle circule un

courant d'eau froide, marchant en sens contraire avec la vapeur, qu'on liquéfie ainsi par voie de déplacement. Si, par ces dispositions, on arrive à réduire la surface ordinaire de condensation, c'est à la condition de n'opérer qu'avec de l'eau de source presque pure, sans pouvoir, toutefois, éviter le dépôt de corps gras qui empêchent le métal d'être mouillé par la vapeur condensée et d'effectuer la transmission de la chaleur par rayonnement. Ces deux circonstances rendent la condensation de la vapeur moins rapide, et font naître sur l'une des faces du piston des résistances nuisibles à la production du travail.

D'autres inventeurs ont imaginé de faire circuler l'eau à travers des tubes verticaux, dans lesquels on pouvait introduire un écouvillon ; on obtenait ainsi la vapeur condensée sans mélange avec l'eau, tout en facilitant sensiblement le nettoyage du condenseur ; mais ce système est d'une application impossible à la mer, par suite des grandes surfaces qu'il nécessite, et ne rendrait que des services médiocres pour les machines fixes.

En définitive, sans qu'il soit besoin de décrire d'autres genres de condenseurs, tous reposant du reste sur des principes identiques, on arrive à la conclusion suivante : En outre de tous les désavantages qu'il présente, on perd inévitablement avec le condenseur à surface une quantité de chaleur considérable qu'on ne peut reprendre par aucun moyen, pas plus qu'on ne récupère la chaleur perdue par le système des extractions. En effet, dans le premier cas, c'est l'eau constamment renouvelée qui entraîne tout l'excédant de chaleur qui a produit la force élastique de la vapeur et son travail mécanique ; dans le second, c'est l'eau non-saturée, sortant de la chaudière, qui emporte à la mer le tiers au moins des calories développées par la combustion.

Le condenseur à air n'offre aucun avantage sur les systèmes précédents. Il nécessite, de plus, l'emploi d'un propulseur quelconque — pour établir des courants d'air rapides, agissant comme réfrigérants sur les tubes — et une surface de condensation double au moins de celle requise dans la pratique ordinaire. Aussi, à l'exception de quelques essais tentés en Amérique, le condenseur à air n'a-t-il produit aucun résultat pratique.

Dans un mémoire lu, en 1863, à l'Institution des Ingénieurs-mécaniciens de Birmingham, l'auteur, Mr. James Jack, de Liverpool, a rendu compte des expériences faites à bord de plusieurs steamers sur les condenseurs à surface.

Les chaudières sur lesquelles portèrent les investigations de Mr. James Jack, sortaient à peine des ateliers de construction, et n'avaient donc fait aucun service. Dans le port, la veille du départ, on alimenta quelques chaudières avec de l'eau douce, tandis que les autres reçurent de l'eau de mer.

Au retour de leur premier voyage, pendant lequel l'alimentation avait eu lieu par l'eau distillée exclusivement, on remarqua les phénomènes suivants:— 1° Au-dessus et au-dessous du niveau d'eau, toutes les parois intérieures des chaudières, les tubes et les rivets étaient littéralement couverts d'une substance ayant toute l'apparence de l'oxyde de fer, et, dès que cette substance n'était plus baignée par l'eau, elle prenait une teinte ocreuse et passait à l'état pulvérulent ; elle formait parfois au-dessus du niveau d'eau une croûte de $\frac{3}{4}$ de pouce anglais (0m019).

L'analyse chimique de cette substance donna les résultats ci-dessous :—

Oxyde de fer	77·50
Humidité	19·75
Corps gras (graisse)	0·85
Sulfate de chaux	0·80
Oxyde de cuivre	0·60
Traces d'alumines, de chlorure de sodium et de magnésie	—
Perte	0·50
	100·00

2° On constata qu'immédiatement au-dessus des dépôts formés par l'accumulation des substances dont nous venons de donner l'analyse, le fer des chaudières, les tubes et les rivets étaient dans un état complet de destruction ; ils étaient rongés, dentelés et perforés ; les perforations variaient beaucoup de diamètre, depuis un point presque imperceptible jusqu'à $\frac{5}{8}$ de pouce anglais (16 mill.), et les dépressions atteignaient jusqu'à l'entière épaisseur du fer et du cuivre ; mais c'est surtout au-dessus des foyers que l'élément destructeur avait fait le plus de ravages.

Si le fer des diverses chaudières et le cuivre des tubes avaient été d'une seule et même marque de fabrique, on en aurait naturellement conclu que leur détérioration si rapide, à des températures modérées, pouvait être attribuée à leur mauvaise qualité ; mais comme ce fer et ce cuivre avaient été produits et fournis par différents établissements métallurgiques de premier ordre, et en plusieurs livraisons, à des intervalles éloignés, il était impossible de ne pas admettre, avec les hommes compétents, que le métal employé dans ces constructions était de qualité éminemment supérieure, et qu'il fallait chercher ailleurs la cause du mal. On se demanda donc si les dépôts des substances corrosives ne provenaient pas de la décomposition des graisses et des huiles (minérales ou végétales) ayant servi à lubrifier les machines, comme tendaient à le prouver des expériences faites dix ans auparavant sur les machines pourvues de condenseurs à surface de Hall ; et l'on procéda comme suit à de nouvelles épreuves :

Au retour d'un second voyage, on n'ouvrit plus les robinets de décharge, et le jour même de l'arrivée, après avoir éteint les feux, on enleva des chaudières les incrustations, dont l'analyse fit reconnaître la même composition que la précédente. Raisonnant dans l'hypothèse que l'élément corrosif était produit par la présence d'un acide gras, on introduisit successivement dans les chaudières, avec l'eau d'alimentation, de la chaux vive et du carbonate de soude (dans les proportions requises pour former des combinaisons) ; mais tout fut inutile : loin de diminuer d'intensité, les effets nuisibles agissaient de plus en plus énergiquement. Or, pour préserver les chaudières et les machines d'une destruction trop rapide, on n'eut d'autre alternative que de mêler à l'eau d'alimentation une certaine quantité d'eau de mer, susceptible d'incruster faiblement, en s'évaporant, les parois du métal de la chaudière et des tubes, afin d'empêcher leur contact direct avec l'eau corrosive. On inaugurait ainsi le système des incrustations partielles, devenues d'une nécessité absolue par l'emploi des condenseurs à surface métalliques.

Les condenseurs à surface métalliques permettent-ils l'emploi des pressions élevées ?

Voici comment M. le Contre-Amiral Pâris répond à cette importante question dans son magnifique ouvrage sur l'art naval à l'Exposition Universelle de Londres de 1862 (page 300) :—

"Comme il faut de l'eau douce pour les hautes pressions, il
" semble en effet que les condenseurs tubulaires sont la vraie
" solution du problème et qu'ils présentent la sécurité dé-
" sirable, puisqu'ils donnent de l'eau distillée et ne la mêlent
" qu'à de la graisse provenant des pistons et des tiroirs.
" Malheureusement il est à craindre que, malgré la nouvelle
" faveur dont ils jouissent, ces condenseurs ne réalisent pas
" les espérances, et ils ont été si peu modifiés qu'ils font
" craindre les mécomptes de ceux qui les ont précédés. S'ils
" se bornent à refroidir de l'eau, ils sont exposés aussi à
" ne plus bien fonctionner, mais au moins alors nous avons
" vu qu'on pouvait se passer d'eux.

" Dans les deux cas ils menacent cependant de nuire à la
" chaudière qu'ils ont pour but de conserver en la préservant
" du sel, et quoiqu'il n'y ait pas encore de faits bien avérés,
" ils inspirent des craintes assez sérieuses pour porter à
" n'adopter ces procédés qu'avec prudence. Ainsi le cuivre
" de tous leurs tubes est toujours en contact avec l'eau et la
" graisse par toute sa vaste surface, et cette eau, qui est en
" petite quantité, circule rapidement de la chaudière au con-
" denseur et du condenseur à la chaudière ; cet effet n'est
" jamais interrompu, et il doit finir par y avoir du cuivre
" dans cette eau graisseuse. Il en résulte que, puisqu'elle
" va baigner les tôles des chaudières, elle expose à une in-
" fluence galvanique et à une cause de destruction semblable,
" mais moins active que celle qui ronge les plaques de fer
" des navires blindés doublés de cuivre. Il y a déjà dans la

« Méditerranée une chaudière dont la fin prématurée a été
« attribuée à cette cause, qui est d'autant plus énergique que
« la durée des trajets est plus longue, et qui doit être presque
« nulle dans les machines qui prennent souvent de nouvelle
« eau douce.   On peut être étonné que ces effets n'aient
« pas été signalés jadis ; c'est sans doute parce que les con-
« denseurs de Hall furent généralement employés pour
« préserver des chaudières en cuivre rouge, comme sur les
« anciens paquebots de la compagnie des Indes, et que la
« similitude des métaux éloignait toute influence mutuelle.
« Il y a dans ce qui vient d'être dit un sujet de grandes
« préoccupations et une nécessité urgente de connaître les
« résultats à mesure qu'ils se présentent. »

Pour faire suite à ce qu'on vient de lire, nous donnons le
texte et la traduction d'une petite note qu'a publiée le
journal *L'Ingénieur*, à Londres, dans son numéro du 8 avril
1864, et qui nous paraît des plus concluantes :

« Surface-Condensers.	« Condenseurs a surface.
« It appears that in some « of the steam - ship lines « where surface - condensers « have been used for a few « years, they are now being « abandoned. It is asserted	« Il paraît que sur quel- « ques lignes de bateaux-à- « vapeur où depuis plusieurs « années on avait adopté les « condenseurs à surface, on « a résolu d'en abandonner

" that the saving in fuel does
" not compensate for the in-
" increased repairs."

" l'usage. On affirme que
" l'économie de combustible
" ne compense pas les dé-
" penses nécessitées par les
" fréquentes réparations qu'ils
" occasionnent."

Les explications qui précèdent devaient naturellement servir de préface à la description des appareils qui font le sujet de ce livre. On remarquera que les assertions mises en avant sont toujours appuyées soit sur des expériences incontestables, soit sur le témoignage, non moins irrécusable, de savants dont l'opinion fait autorité dans la science.

LE SUBSTITUANT
DU CONDENSEUR A SURFACE.

NOUVELLE
APPLICATION DE LA VAPEUR SURCHAUFFÉE.

> "Il faut ou recourir aux condenseurs à
> "surface, ou chercher quelques moyens de
> "séparer les sels de l'eau de mer avant
> "son introduction dans les chaudières."—
> M. Victor Delacour.

CET appareil a pour but de purifier, de distiller ou de vaporiser l'eau. Son moyen, c'est la vapeur surchauffée, dont le calorique est d'une stabilité parfaite. Il coûte quinze fois moins que le condenseur à surface et sa durée est cent fois plus grande, sans qu'il ait aucun des inconvénients qu'on rencontre dans celui-ci. Il est d'une extrême simplicité de construction. Une fois réglé, il fonctionne seul, c'est-à-dire sans l'aide d'aucune force motrice.

E

Son emploi a pour conséquences :

1° La conservation des chaudières, — en empêchant leur incrustation ;

2° La suppression de toute espèce de surface de chauffe, —réduisant, par conséquent, le volume de l'appareil au 128me de la capacité de la chaudière, tout en obtenant le même effet utile ;

3° La préservation du matériel, — en évitant l'introduction de corpuscules durs, difficiles à entamer, dans les organes des machines ;

4° La continuité du travail, — en n'occasionnant pas de temps d'arrêt dans le service pour le nettoyage des chaudières ;

5° La sécurité, — en conservant leur liberté de mouvements aux appareils de sûreté ;

6° Une grande économie de combustible, — " attendu que " dans une chaudière en bon état, on vaporise par " heure 200 kil. d'eau avec 23·5 kil. de houille brûlée, " tandis que, dans une chaudière incrustée, la vapori- " sation se borne à 136 kil. d'eau par heure, avec " 34·7 kil. de houille de la même qualité ; ce qui " donne, dans le premier cas, 8·50 kil. de vapeur par " kilogramme de combustible, et dans le second

" seulemeut 3·87 kil. de vapeur par chaque kilo-
" gramme de combustible.   L'effet utile se trouve
" donc réduit dans la proportion de $\dfrac{3\cdot87}{8\cdot50} = 0\cdot48$."—
(*Des Machines à vapeur*, par MM. Arthur Morin et
H. Tresca, p. 386.*)

Enfin, quoique d'une invention récente, le substituant du
coudenseur à surface a prouvé, par 300 jours de travail
consécutif, son importance industrielle, dont ont rendu témoignage des ingénieurs anglais très-distingués, tels que
MM. D.-K. Clark, Halliday, Aydon, etc., dans les rapports
et la correspondance qui servent de complément à cet
ouvrage, et qu'on lira plus loin.   Ces rapports, pensons-nous,
ne peuvent laisser aucun doute sur l'efficacité du substituant
du condenseur, et sur sa valeur théorique et pratique.

---

* "Dans les cuisines distillatoires établies sur les bâtiments de l'État,
" la même quantité de charbon qui produit 600 kil. de vapeur après le
" nettoyage, n'en produit bientôt plus que 200, quand les incrustations ont
" acquis une certaine épaisseur, et que, par conséquent, l'effet utile se
" trouve rapidement réduit au tiers."—*Des Machines à vapeur* (p. 386),
par MM. Arthur Morin et H. Tresca.

DESCRIPTION DE L'APPAREIL.

Au lieu d'introduire directement dans la chaudière à vapeur l'eau qui doit l'alimenter, on fait préalablement arriver celle-ci, en forme de pluie, dans un vase dont la capacité est occupée par de la vapeur saturée, venant de la chaudière avec laquelle il a été mis en communication directe. L'eau, par son contact avec la vapeur, acquiert rapidement une température élevée, que vient encore augmenter, dans une notable proportion, la vapeur surchauffée, qui pénètre et continue à affluer dans l'appareil en sens contraire avec l'eau. Cette eau se vaporise enfin, en laissant déposer sur des tablettes perforées,* contenues dans le vase, la totalité de ses matières incrustantes.

La vapeur générée dans le vase se rend dans le réservoir à vapeur de la chaudière (steam-chest), tandis que l'eau, très-

---

* Ces tablettes (ou diaphragmes) destinées à recevoir, dans une chaudière à vapeur, les incrustations de l'eau, ne sont point d'invention récente. Dès l'année 1826, Mr. John Ericsson, ingénieur Suédois, en a fait mention dans son brevet anglais (très-curieux sous plus d'un rapport), ayant pour titre "Motive-Power Engine," no. 5,398. Voici les termes mêmes du brevet : — "R, R, R is a boiler, fitted with shelves or shoots, or diaphragm, " perforated or not, as here described, by which water poured on to the " upper shelf flows downward from shelf to shelf till it reaches the bottom " shelf, by which time the whole should be converted into steam . . ."

fortement chauffée, est conduite par un tuyau garni de deux filtres dans la région inférieure de la même chaudière.

On peut prendre à n'importe quelle source la vapeur surchauffée, pourvu qu'elle possède, à son entrée dans le vase, une pression au moins égale à celle qui existe dans la chaudière qu'on se propose d'alimenter. Cependant, pour réaliser toute l'économie du système, il est indispensable que la vapeur à surchauffer soit puisée dans la chaudière même, au moyen d'un tuyau de vapeur, reliant ladite chaudière, d'une part à un surchauffeur placé dans les carneaux ou dans la cheminée, d'autre part au vase purificateur et générateur, lequel ne forme plus alors avec celui-ci qu'un seul et même corps : ainsi le surchauffement de la vapeur s'effectue aux dépens d'une chaleur perdue. Si, par exemple, on surchauffe la vapeur d'environ 300 degrés, on doublera le volume d'un kilo de vapeur, tout en lui conservant la même pression ; cette augmentation de volume se traduit donc par une économie équivalant à 50 pour cent du combustible employé.

Dans certains cas, on se sert d'une pompe, ou de tout autre propulseur, afin de pouvoir introduire et faire circuler dans le vase la quantité de vapeur surchauffée requise, et cela, quelle que puisse être la tension de cette vapeur surchauffée par rapport à la pression, plus ou moins grande, pouvant exister dans l'appareil, — que fait voir, dans ses détails, le dessin d'autre part.

La vapeur surchauffée sort du tuyau C, muni d'un robinet d'arrêt ; elle pénètre, à travers la coupole perforée F, dans le vase cylindrique L, garni intérieurement de tablettes métalliques E E E, percées alternativement, comme la plaque concave D, d'orifices infiniment petits, par lesquels descend —au milieu d'une atmosphère de vapeur surchauffée — l'eau à purifier, arrivant dans l'appareil par le tuyau A, muni de deux diaphragmes C C'. H, tuyau conduisant dans la région

inférieure de la chaudière, l'eau d'alimentation purifiée.
K K K, ouvertures par lesquelles s'échappe dans la con-

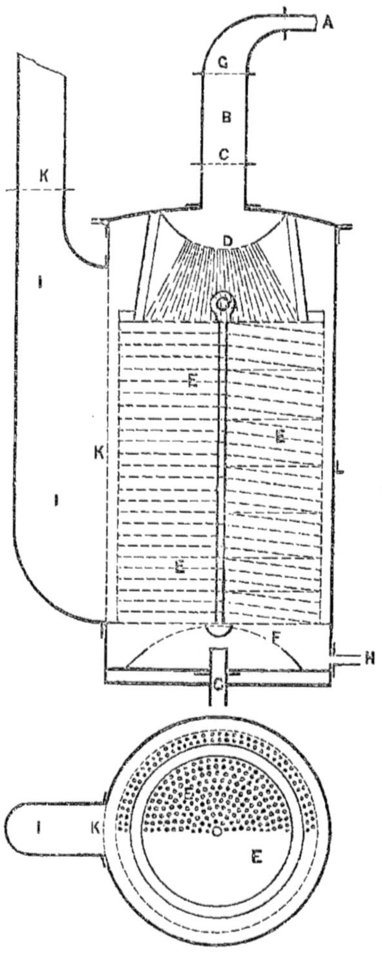

duite I I, — mise en communication directe avec la chaudière, — la vapeur générée dans le vase L.

MANŒUVRE DE L'APPAREIL.

Les travaux de M. Regnault ont fait connaître exactement la quantité de chaleur que contient un poids donné de vapeur saturée. Selon cet éminent savant, elle est $606 + 0{\cdot}305\,T$, à saturation, auquel terme il faut ajouter $0{\cdot}45\,(T'-T)$ pour tenir compte — comme dans le cas qui nous occupe — d'une surchauffe à la température T'. La connaissance précise de cette quantité étant obtenue, la qualité de l'eau et son poids étant déterminés, il suffit, pour régler la marche de l'appareil, d'ouvrir, plus ou moins, la section annulaire adaptée sur le tuyau C, d'où s'échapppe la vapeur surchauffée, et le robinet du tuyau A, qui sert de passage à l'eau. L'enlèvement des tablettes sur lesquelles se sont déposées les matières incrustantes s'effectue rapidement. On peut même les remplacer, pendant la marche de l'appareil, par une ou plusieurs séries de tablettes de rechange. On voit combien il est facile d'obtenir, par ce système, dans un laps de temps très-court, toutes les températures requises pour que l'eau d'alimentation laisse précipiter de ses dissolutions les sels qu'elle contient. En ce qui regarde les eaux calcaires, par exemple, l'expérience a

montré que quelques instants suffisent pour qu'elles abandon-
nent, à une faible température, l'excès d'acide carbonique
qui tient le sel en dissolution, et laissent se former un
précipité de carbonate de chaux (ou craie), tandis que, s'il
s'agit d'eaux séléniteuses, il faudra, pour recueillir le dépôt
— composé alors de sulfate de chaux (ou plâtre) — 150°
de chaleur (M. Cousté), et 160°, si l'on veut opérer
la séparation mécanique des sels contenus dans l'eau de
mer (M. Victor Delacour). Or, est-il possible d'atteindre
à des températures aussi élevées, en condensant simplement
dans l'eau d'alimentation la vapeur de détente, qui se perd
ordinairement dans l'atmosphère ? Évidemment non ; car
la température de la vapeur d'échappement ne doit jamais
dépasser 100° ; et, d'un autre côté, on ne dispose d'aucun
moyen d'augmenter cette température,—ne fût-ce que de
quelques degrés,—sans nuire aussitôt à la marche de la
machine.

DE

L'ACTION ÉNERGIQUE, INSTANTANÉE

DU SUBSTITUANT

DU CONDENSEUR A SURFACE,

CONSIDÉRÉE

PAR RAPPORT AU CHAUFFAGE ORDINAIRE
DE LA CHAUDIÈRE A VAPEUR.

———

Dans les conditions ordinaires de l'acte de vaporisation de l'eau à travers une enveloppe métallique diathermane, recevant l'action d'un foyer, on ne peut, comme on sait, ni développer ni utiliser toute la chaleur que le combustible est susceptible de produire en brûlant. En premier lieu, parce que, sur les grilles du fourneau, la combustion—qu'elle soit lente ou rapide—n'est jamais complète. Outre le carbone des escarbilles, qui ne prend part à aucune combinaison, il existe d'autres pertes de chaleur; notamment celle occasionnée par certains gaz non-brûlés, qui s'échappent dans la

F

cheminée, en réduisant à 0·77 pour cent (M. Tresca) l'effet utile du combustible solide chargé sur les grilles. Secondement, parce que l'efficacité de la chaleur disponible est : 1° subordonnée à la conductibilité du métal dont la chaudière est formée — et qui doit être le véhicule ou l'agent de transmission de la chaleur ; 2° circonscrite à l'étendue de la surface de chauffe que cette même chaudière présente au foyer, source de chaleur rayonnante.

Conductibilité.—Dans le cas du fer, le professeur J.-D. Forbes, d'Édimbourg, a constaté que sa conductibilité variait avec la température : "Le flux du calorique à travers le solide," dit-il, " n'est pas en rapport direct avec la différence de " température de deux lames minces contiguës, mais il varie " moins rapidement ; c'est-à-dire que la conductibilité dimi- " nue à mesure que la température augmente."

Surface de Chauffe.—La surface de chauffe doit être, selon des données expérimentales fournies par les praticiens, savoir : — De 1m4 carré par force de cheval, pour des machines à basse pression ; de 1m3 carré par force de cheval, pour des machines à haute pression, sans condenseur ; de 1m1 carré par force de cheval, pour des machines à haute pression, avec condensation.

Il n'est pas besoin de rappeler que, plus la surface de chauffe est étendue, plus on obtient de vapeur, pour une

même quantité de houille brûlée dans des conditions identiques. L'expérience a donné les résultats suivants : —

Surface de Chauffe.	Quantité de Houille brûlée.	Quantité de Vapeur produite.
4 mètres carrés	16·00 kilogrammes	100
5 ,, ,,	13·98 ,,	100
6 ,, ,,	13·19 ,,	100
8 ,, ,,	12·57 ,,	100
10 ,, ,,	12·37 ,,	100

Mais, la part pour laquelle chacune des parties de la
surface de chauffe entre dans l'acte de la vaporisation
totale est excessivement variable ; par exemple, dans les
locomotives, on admet que " chaque mètre carré de la sur-
" face de chauffe qui voit le foyer, produit trois fois plus de
" vapeur qu'un mètre carré de surface de tuyau (dite surface
" de chauffe réduite) ; la surface qui voit le foyer augmentée
" du tiers de la surface des tubes, chaque mètre carré produit
" de 120 à 160 kilogrammes de vapeur à l'heure."—J.Claudel,
ingénieur civil.

De plus, on n'ignore pas que l'eau, dans la chaudière à
vapeur, n'est chauffée que par des courants — transmetteurs
du calorique — que fait naître le peu de conductibilité de
l'eau, et qui s'établissent dans la masse du liquide. La
couche inférieure qui s'élève se trouve remplacée par des
molécules plus froides, partant plus lourdes. Plus la température de l'eau augmente, plus ces courants sont rapides

et tumultueux; mais quand la masse liquide a atteint le point dit " de l'ébullition," la vapeur se dégage de ses étreintes sous la forme de petits globules sphériques, qui vont en augmentant de volume, à mesure que diminue la pression qu'ils supportent; et, possédant alors une grande puissance physique, ces globules réagissent mécaniquement sur l'eau qu'ils rencontrent, et la refoulent vers les parties supérieures du générateur. En d'autres termes, la vapeur doit, pour se manifester, résister au poids de l'eau qu'elle a à traverser pour dépasser le niveau de son liquide; elle doit aussi surmonter la pression, relativement énorme, qui s'exerce dans le milieu où elle se produit, pression qui facilite ou retarde le point d'ébullition de l'eau, selon qu'elle est plus ou moins énergique, mais qui se traduit toujours par un poids de 5k16 par centimètre carré, lorsque la pression dans la chaudière est exprimée par cinq atmosphères.

" Lorsque par exemple," dit Mr. Hirn, " l'eau bout sous " la pression constante de l'atmosphère, sa température reste " constante à 100°; sur les 536 calories qu'il faut lui ap- " porter pour en évaporer un kilo, 40 calories sont con- " sommées en travail externe, et les 496 autres en travail " interne : la somme totale de chaleur reste parfaitement " invariable. Si dans l'eau de condensation nous trouvons " beaucoup plus de chaleur qu'il ne s'en rencontre dans un " kilo d'eau à 100°, c'est parce que la totalité du travail " interne et une portion variable (selon la machine) du

« travail externe d'abord produit sont redépensées et re-
« produisent leur équivalent de chaleur. »

Et en outre, avant son apparition au-dessus du niveau
de son liquide, — c'est-à-dire avant l'acte de l'ébullition, —
la vapeur n'a-t-elle pas dû, selon les théories acceptées sur sa
formation en vase clos, rompre la force de cohésion des
atomes du liquide les uns pour les autres, force explosible
d'une énergie inouïe quand l'eau est privée d'air, ou quand
celui-ci ne s'y trouve plus dans une certaine proportion ? *

Donc, pour se produire comme pour se manifester, la
vapeur a vaincu des résistances, elle a fait un travail, occulte
sans doute, mais très-appréciable, quoiqu'on ne connaisse
pas toutes les lois en vertu desquelles se forme la vapeur
dans un vase.

Ces phénomènes, relatifs à la production de la vapeur

* « L'eau privée d'air dans une certaine mesure peut être élevée à la
« température de 100° et plus, sans qu'elle entre en ébullition ; mais quand
« elle bout, la quantité de chaleur qu'elle contient est excessive, et elle
« s'échappe, sous forme de vapeur, avec une violence extrême, semblable à
« celle qui résulterait de la détente soudaine d'un puissant ressort sup-
« portant une pression énorme, violence qui devient dans certains cas la
« cause de terribles explosions.

« On a constaté que, dans un grand nombre de cas, des locomotives ont
« fait explosion à leur sortie des gares où elles avaient été au repos pendant
« quelques instants, et cela au moment où le mécanicien ouvrait le tiroir
« pour laisser passer la vapeur dans les cylindres. Par cette seule action
« mécanique, imprimée à la masse du liquide, la force de cohésion de l'eau
« se trouvait rompue, et la vapeur, générée avec la rapidité de l'éclair, par
« le calorique en excès, produisait l'explosion. »—John Tyndall, F.R.S.

dans un espace clos, ne se reproduisent point dans le substituant du condenseur à surface, ou bien, s'ils y apparaissaient, ils
ne pourraient être que partiels et extrêmement simplifiés. En
effet, dans son milieu inextensible, l'absorption, par l'eau, de
la chaleur totale contenue dans la vapeur surchauffée, est instantanée, — sans que se produisent les pertes inévitables de
chaleur qui résultent de la combustion dans les foyers ordinaires (et qu'on évalue généralement à 60 pour cent du combustible brûlé), — sans l'interposition d'aucune surface métallique diathermane,—ce qui permet de réduire son volume au
128me de la capacité de la chaudière, tout en obtenant le même
effet utile, — sans pouvoir jamais rencontrer aucune couche
incrustante, qui intercepte la chaleur à la façon des écrans.
Dans ces circonstances, la vapeur surchauffée devient la véritable source de chaleur, qui rayonne dans toutes les directions
et en ligne droite. La propagation de la chaleur s'effectue,
dans l'appareil, par contact direct de molécule à molécule,
avec la rapidité de l'éclair ; et son intensité,— proportionnelle
à la température de la source, et réciproque au carré de sa
distance avec l'eau, — est considérable.

Il y a plus : par ce système, non-seulement on utilise
d'une manière absolue tout le calorique que possède la
vapeur venant de la chaudière et tout celui contenu dans la
vapeur surchauffée ; mais encore, selon la théorie mécanique
de la chaleur, ce calorique s'accroît, dans une certaine proportion, par le phénomène du choc énergique et alternatif
des courants d'eau et de vapeur surchauffée, agissant en sens

contraires l'un contre l'autre, avec une vélocité très-grande, dépendant du diamètre et de la forme de leur conduite respective. De ce choc,— prompt comme la pensée, se répétant, en une minute, un nombre incalculable de fois, — il résulte que la force vive de la vapeur, ainsi que le mouvement de l'eau, sont transformés en leur équivalent de chaleur ; car partout où il y a du mouvement anéanti, naît de la chaleur. On pourrait même exprimer numériquement cette quantité de chaleur de manière à déterminer la quantité de mouvement qui lui correspond. Or, comme rien n'est perdu dans l'économie de la nature, cet excédant de chaleur, développé ainsi dans l'appareil, sert tout naturellement à surélever la température de l'eau qu'on y a fait entrer.

" Le phénomène du choc montre mieux qu'aucun autre
" comment le mouvement se transforme en chaleur. J'ai dit
" qu'un kilogramme de charbon correspondait à trois millions
" de kilogrammètres, ou autrement dit, que la chaleur de
" combustion de ce charbon transformée en travail pouvait
" élever un poids d'un kilogramme à une hauteur de 3,000
" kilomètres ; en retombant de cette hauteur, ce poids pour-
" rait produire en frappant la terre une quantité de chaleur
" égale à celle que donne en brûlant un kilogramme de
" houille. Dans les expériences faites sur la résistance des
" plaques de blindage aux boulets de l'artillerie, on a re-
" marqué que lorsque le projectile perce la cuirasse de fer,
" sa température ne change pas notablement. Quand il

" arrive sur la cible, animé d'une énorme vitesse, sans
" pouvoir la pénétrer, toute sa force vive est, par le choc,
" transformée en chaleur, le boulet rougit, et les spectateurs.
" placés auprès du canon l'aperçoivent un moment comme
" un point lumineux." (*Les Problèmes de la Nature*, p. 116,
par Auguste Laugel.)

En résumé, à ne considérer que ses résultats pratiques, consacrés par l'expérience, le substituant du condenseur offre des avantages très-importants comparativement à la chaudière à vapeur : — économie considérable dans le prix coûtant—son volume étant à la capacité de la chaudière marine comme 1 est à 48, et, pour les chaudières stationnaires, comme 1 est à 128 ;—durée cent fois plus grande,—car n'ayant pas de foyer, il n'est pas exposé aux coups de feu, non plus qu'aux incrustations, puisque c'est seulement sur des plaques mobiles d'un prix minime que se forment les dépôts ; — effet calorifique aussi puissant qu'instantané, sans le concours d'aucune surface diathermane, — d'où il suit que l'eau est chauffée, vaporisée même, 50 fois plus vite que dans la chaudière, celle-ci fût-elle à circulation rapide. Il permet, enfin, d'alimenter les générateurs avec de l'eau distillée, circonstance inappréciable, parce qu'elle donne un moyen fort simple de faire fonctionner leurs machines à condensation, système qui procure, comme on sait, une économie de combustible de plus de 35 pour cent sur les machines sans condensation.

APPLICATION

DU SUBSTITUANT DU CONDENSEUR

A UNE CHAUDIÈRE

A HAUTE PRESSION, DE 50 CHEVAUX-VAPEUR DE FORCE.

———•———

L'EAU pour l'alimentation de cette chaudière est puisée dans la Tamise (Greenwich) ; elle a donné à l'analyse les résultats suivants (sur 1,000 parties), sa densité étant égale à 1·001 :—

G

Sulfate de Potasse	0·01953
Sulfate de Soude	0·05587
Sulfate de Magnésie	0·00780
Chlorure de Magnésium	0·01635
Chlorure de Calcium	0·02317
Carbonate de Chaux	0·20514
Silice	0·01132
Phosphate d'Alumine	} Traces
Fer	
Matières organiques	0·05814
	0·39732

Cette eau renferme en outre un peu plus de 0·007 de son volume d'acide carbonique libre (Bennedett).

La quantité d'eau nécessaire pour alimenter cette chaudière, travaillant dix heures par jour, sous une pression de six atmosphères, est de 2·10 mètres cubes par force de cheval et par heure.

L'appareil contient 14 plateaux perforés d'un diamètre de 0·60 centimètres chacun, destinés à recevoir les incrustations, qui forment, pendant la journée de travail, un volume de 8·3 décimètres cubes. Le nettoyage ou le rechange des plateaux, si l'on ne veut pas interrompre la marche de la machine, a lieu toutes les cinq heures, ce qui donne, pour ce laps de temps, un volume de 4·1 décimètres cubes à enlever ; mais, comme l'expérience l'a fait voir, les dépôts incrustants ne se répartissent pas également sur les 14 plateaux ; ils se forment presque exclusivement sur les cinq premiers, sous une épaisseur, par conséquent, de 2·8 millimètres pour chaque plateau.

La distance entre chaque plateau est de quatre centimètres ; or 14×0.002 mètre pour l'épaisseur de chaque plateau, donne 0.80 centimètres pour la hauteur que doit avoir l'appareil, et son diamètre sera 0.60 centimètres plateaux $+ 0.05$ centimètres de vide de chaque côté, les séparant de l'enveloppe cylindrique, $= 70$ centimètres. Conséquemment le volume de l'appareil est : $\dfrac{0.7^2\,\pi}{4} \times 0.8 = 0.38 \times 0.8 = 304$ décimètres cubes.

La capacité de la chaudière étant : $50 \times 0.77 = 38$ mètres cubes ; la capacité de l'appareil est : $\dfrac{0.3}{38} = \dfrac{1}{128}$.

L'épaisseur de la tôle de fer formant l'enveloppe cylindrique de l'appareil où sont renfermés les 14 plateaux, s'exprime par la formule suivante :

$$\delta = 1.8\,(n-1)\,d\ +$$

Donc, pour le cylindre : $\delta = 1.8\,(6-1)\,0.7 + 3 = 0.009^{\mathrm{m}}$

pour les fermetures supérieures et inférieures de l'enveloppe cylindrique . . . . $\delta = 0.015^{\mathrm{m}}$

Le poids : de l'enveloppe cylindrique . . .	131^{k}
des fermetures supérieures et inférieures	85^{k}
des plateaux (14)	70^{k}
	286^{k}

et, comme il nous faut ajouter 5 pour cent pour rivets, boulons, etc. . . . . . 15^{k}

Le poids total est . . . 301^{k}

Chaleur de la vapeur saturée . . .   320° Fahrenheit

ou . . .   160° centigrades

Chaleur de la vapeur surchauffée .   500° Fahrenheit

ou . . .   260° centigrades

Nombre de calories nécessaires à élever la température de 0° à 16° dans un mètre cube d'eau . . .   16·0°

Nombre de calories nécessaires à élever la température de 0° à 160° dans un mètre cube d'eau . . .   161·7°

Donc, la quantité nécessaire de chaleur pour élever un mètre cube d'eau de 16° à 160° est de . . .   145·7°

Quantité totale de chaleur indispensable pour la vaporisation d'un mètre cube d'eau, sous une pression de 6 atmosphères . . . .   639·42

Nombre de calories contenues dans un mètre cube de vapeur douée d'une température de 260° . . .   634·23

Nombre de calories que contient un mètre cube de vapeur saturée, quand sa température est de 160°   610·81

Donc, nombre excédant de calories obtenues par la surchauffe de la vapeur . . . .   23·42

Quantité de vapeur nécessaire pour vaporiser la totalité de l'eau, par seconde . . . . 319 centim. cubes
ou par heure . . . 1,148 mètres cubes
Quantité d'eau vaporisée par heure . 42 décim. cubes
Proportion de la vapeur surchauffée par rapport à l'eau d'alimentation 27·2
Quantité de l'eau d'alimentation par rapport à la quantité de vapeur surchauffée en cent pour cent . . 3·7 pour cent
Vitesse de la vapeur surchauffée dans l'appareil, en supposant qu'il y ait seulement une différence de pression de $\frac{1}{10}$ d'atmosphère . . . . 26^m par seconde
Diamètre de la conduite amenant l'eau d'alimentation dans l'appareil . . 5 centimètres
Diamètre du tuyau par lequel la vapeur surchauffée pénètre dans le substituant du condenseur . . . 4 centimètres

Ces données expérimentales serviront de guide dans toutes les applications qu'on aurait à faire de l'appareil, en tenant toujours compte, comme on l'a dit précédemment, de la qualité et de la quantité d'eau à purifier ou à vaporiser.

Dans toutes nos expériences, les dépôts des plaques ont été pesés avec le plus grand soin, et l'on a toujours reconnu, ainsi que le constate la lettre dont nous donnons ci-dessous la traduction en français, que *la totalité* des matières incrustantes contenues dans l'eau avait été éliminée par le passage de celle-ci dans l'appareil, et qu'en outre la plus grande partie de l'eau s'était vaporisée avant son arrivée dans la chaudière : d'où résulte un avantage réel, car dans la plupart des cas il permet — comme l'a fait judicieusement remarquer l'ingénieur D.-K. Clark — "la réorganisation du " système actuel, attendu que désormais les principales fonc- " tions du foyer ou des foyers consisteront à surchauffer la " vapeur générée dans l'appareil purificateur, lequel devient " ainsi la véritable chaudière du système, tandis que la chau- " dière ordinaire ne remplit plus que le rôle secondaire d'un " réservoir égalisateur de vapeur et d'eau."—*Note sur la Valeur théorique et pratique de l'Appareil de M. Émile Martin,* par D.-K. Clark.

" Greenwich, 11 *janvier* 1864.

" Monsieur,

" Ayant été chargé d'examiner et de voir fonctionner " votre appareil breveté pour purifier et vaporiser l'eau, par " l'application de la vapeur surchauffée, et d'en faire l'objet " d'un rapport, j'ai trouvé après examen que ledit appa- " reil est disposé de manière à recevoir l'eau à purifier en " petites colonnes, ou petits jets très-divisés, laquelle eau

" venant en contact avec la vapeur surchauffée, est immé-
" diatement vaporisée; et *la totalité* des sels et des impuretés
" qu'elle contenait est précipitée instantanément sur des
" tablettes perforées, où ils s'accumulent.

" J'éprouve le plus grand plaisir à pouvoir témoigner,
" *de visu*, de la simplicité et de l'efficacité incontestablement
" pratique de votre appareil.

" J'ai l'honneur d'être, Monsieur,

" Votre obéissant Serviteur,

" THOMAS HALLIDAY,

" L'un des directeurs de la maison John Penn
et Fils, Greenwich."

D'UNE CHAUDIÈRE MARINE

DE 500 CHEVAUX-VAPEUR DE FORCE,

POURVUE D'UN

SUBSTITUANT DU CONDENSEUR A SURFACE.

Mer de la Manche. L'eau de cette mer contient sur 1000 parties :

Chlorure de sodium	27·05948
Chlorure de potassium	0·76552
Chlorure de magnésium	3·66658
Sulfate de magnésie	2·29578
Sulfate de chaux	1·40662
Carbonate de chaux	0·03301
Bromure de magnésium	0·02929
	35·25628

La quantité de cette eau nécessaire à l'alimentation de la chaudière, fonctionnant sous une pression de 2·50 atmosphères, est, en moyenne, de 36 décimètres cubes par force de cheval et par heure, soit : $500 \times 36 = 18·0$ mètres cubes.

Deux substituants du condenseur de mêmes dimensions sont indispensables pour le service régulier d'une chaudière de cette importance. Dans chacun seront contenus 75 plateaux perforés, d'un diamètre de 1m4, leur surface étant $\dfrac{1\cdot4^2\pi}{4} = 1$m.c.54 ; d'où il suit que la couche du sel sera de $\dfrac{1\cdot63}{75 \times 1\cdot58} = 14$ millimètres sur chaque plateau. La quantité totale des sels recueillis pendant cinq heures est dans chacun des deux appareils $\dfrac{5 \times 18 \times 35\cdot2}{1000 \times 2} = 1\cdot58$ mètre cube.

La distance entre deux plateaux est 0·03 mètre ; or, comme il y en a $75 \times 0\cdot002$ mètre $= 0\cdot150$ mètre pour leur épaisseur, la hauteur de l'appareil est 2·5 mètres. Il faut autour des plateaux 5 centimètres de vide ; c'est pourquoi le diamètre total est 1·5 mètre.

Par conséquent, le volume s'exprime $\dfrac{1\cdot5^2\pi}{4} \times 2\cdot5 = 4\cdot40$ mètres cubes, ou, avec réduction de 0·40 mètre cube, qui sont occupés par les plateaux, etc., la capacité des deux appareils est de 8 mètres cubes.

La capacité de la chaudière est de 770 décimètres cubes par force de cheval, soit 385 mètres cubes pour toute la capacité $(500 \times 770 = 385$ mètres cubes).

La capacité des appareils comparée à celle des chaudières :

$$\frac{8}{385} = \frac{1}{48}.$$

L'épaisseur de la tôle de fer formant l'enveloppe cylindrique de l'appareil, où sont renfermés les 75 plateaux, s'exprime par la formule suivante :

$$\delta = 1\!\cdot\!8\,(n-1)\,d + 3.$$

Donc pour le cylindre :

$$\delta = 1\!\cdot\!8\,(2\!\cdot\!5-1)\,1\!\cdot\!5 + 3$$
$$\delta = 0\!\cdot\!008 \text{ mètre.}$$

Poids de l'Appareil.

Volume de fer :

	Décim. cubes.
des enveloppes cylindriques	94
des fermetures supérieures	26
„ „ inférieures	26
des plateaux (75)	230
décim. cubes	376

Le poids est $376 \times 7\!\cdot\!7 = 2{,}900$ kilogrammes.

Son Prix.

Le prix pour 1,000 kilogrammes sera £45, ou frcs.1,125 ; conséquemment le prix de tout l'appareil $2\!\cdot\!9 \times 45 = $ £122·5, ou environ frcs. 3,060.

Chaleur de la vapeur saturée . . .	261° Fahrenheit
ou . . .	128° centigrades
Chaleur de la vapeur surchauffée . .	500° Fahrenheit
ou . . .	260° centigrades

Nombre de calories nécessaires à élever la température d'un mètre cube d'eau de 0° à 128 129

Nombre de calories nécessaires à élever la température d'un mètre cube d'eau de 0° à 16° 16

Nombre de calories nécessaires à élever la température d'un mètre cube d'eau de 16° à 128° . . . 113·0

Quantité totale de chaleur nécessaire pour transformer un mètre cube d'eau en vapeur de 128° . . . . 629·4

Nombre de calories contenues dans un mètre cube de vapeur saturée à la température de 128° . . . . . 603·32

Donc, nombre excédant de calories obtenues par chaque mètre cube de vapeur surchauffée . . . . . 30·91

Quantité de vapeur nécessaire à vaporiser toute l'eau d'alimentation, par seconde . . . . 209 centim. cubes.
         par heure . . . 752 décim. cubes.

Quantité d'eau d'alimentation, par seconde . . . . 100 centim. cubes.
         par heure . . . 36 décim. cubes.

Proportion de la vapeur surchauffée par rapport à l'eau d'alimentation 20·9

Proportion de l'eau d'alimentation
par rapport à la vapeur surchauffée
en pour cent . . . . 4.9 pour cent

Vitesse de la vapeur surchauffée dans
l'appareil, en supposant qu'il y ait
une différence de pression de $\frac{1}{10}$
d'atmosphère . . . . 26 mètres

Diamètre de la conduite de l'eau
d'alimentation . . . . 7·6 centimètres

Diamètre du tuyau amenant la va-
peur surchauffée . . . . . . 10 centimètres

Comme pour les chaudières stationnaires, ces données permettront l'installation et l'application à bord du substituant du condenseur.

———

" Les dépôts qui se forment dans les chaudières alimen-
" tées à l'eau de mer sont incrustants ou vaseux. Les
" dépôts incrustants, c'est-à-dire qui se produisent sous
" forme de couches cristallines adhérentes aux surfaces de
" chauffe, peuvent provenir : 1° du chlorure de sodium ou
" sel marin, qui se trouve dans la proportion de 2g65 sur
" 100 grammes d'eau de mer à l'état naturel ; 2° des sels de
" chaux, qui, au point de vue de la formation des dépôts,
" doivent être considérés comme existant tous à l'état de
" sulfate de chaux, à raison de 0g15 par 100 grammes de

" liquide. Les dépôts vaseux proviennent de la magnésie
" et des matières terreuses renfermées dans l'eau de mer.

" La loi de saturation de l'eau par rapport au sulfate de
" chaux se résume ainsi. A partir du moment où la tem-
" pérature aux chaudières atteint environ 123°, et la pression
" 2at.1, l'eau d'alimentation, supposée de l'eau de mer à l'état
" naturel, se trouve sursaturée partiellement par rapport au
" sulfate de chaux. En d'autres termes, elle n'est plus apte
" à en dissoudre que moins de 0g15 par 100 grammes. Ce
" sel tend alors à se déposer en partie sous forme de petits
" cristaux ou de pellicules très-minces, non-seulement à
" mesure que l'eau en question se vaporise, mais même dès
" qu'elle entre dans le générateur.

" Enfin le sulfate de chaux devient totalement insoluble
" dès que la température aux chaudières atteint 140°, et par
" suite dès que la pression y est de 3at.5. En pareille cir-
" constance le sulfate de chaux tend à se précipiter en entier
" dès que l'eau d'alimentation entre dans le générateur."—
Manuel de l'Ouvrier-chauffeur de la Flotte, par A. Ledieu.

QUELLE ÉCONOMIE DE COMBUSTIBLE

RÉALISE-T-ON PAR L'EMPLOI

DU SUBSTITUANT DU CONDENSEUR?

M. L'INGÉNIEUR THO. HALLIDAY a bien voulu répondre à cette question importante dans une note, dont nous donnons comme suit la traduction en français :—

" *REMARQUES sur les pertes de chaleur occasionnées par*
" *les extractions fréquentes des chaudières marines, et*
" *par les incrustations qui s'y forment.*

" Si nous considérons une machine marine de la construc-
" tion la plus moderne, ayant un condenseur ordinaire, sor-
" tant des ateliers d'un de nos meilleurs constructeurs, et
" fonctionnant avec de la vapeur surchauffée modérément
" sous une pression de 20 à 25 livres par pouce carré ($1\frac{1}{2}$ à
" $1\frac{3}{4}$ atm.), nous nous convaincrons que, par la consommation
" de $3\frac{3}{4}$ à 4 livres par heure, de bon charbon du pays de
" Galles, nous obtenons un cheval de force (indicated horse-
" power) comme moyenne de douze mois de travail.

" Si, d'un autre côté, nous considérons une autre machine
" marine pourvue de condenseurs à surface, sortant égale-

" ment des meilleurs ateliers de construction et fonctionnant
" aussi avec de la vapeur modérément surchauffée, nous
" avons la preuve certaine que, en ne consommant, par
" heure, que $2\frac{1}{4}$ à $2\frac{3}{4}$ livres de charbon de même qualité,
" nous obtenons la même force que précédemment, c'est-à-
" dire un cheval de force (indicated horse-power). C'est
" pourquoi nous pouvons justement évaluer à 33 pour cent
" du combustible employé la perte résultant des extractions
" fréquentes des chaudières marines, non munies de conden-
" seurs à surface.

" Me référant à mon rapport du 11 janvier 1864, à l'égard
" de l'emploi de l'appareil de M. Émile Martin, pour évapo-
" rer l'eau et en dégager par conséquent toutes les impuretés,
" au moyen de la vapeur surchauffée, je ne doute nullement,
" *que ledit appareil Émile Martin*, bien appliqué aux chau-
" dières marines, *n'effectue la même économie que ci-dessus.*

" La perte de chaleur résultant des incrustations est bien
" inférieure à celle occasionnée par les extractions ; car dans
" aucun cas elle ne peut excéder 10 pour cent, sans que les
" plaques formant les parois des foyers soient exposées à se
" rompre ou à se tordre.

" THO. HALLIDAY.

" Greenwich, 13 *février* 1864."

En conclusion :

Selon M. Tho. Halliday, l'économie de combustible qui
doit résulter de l'emploi du substituant du condenseur à sur-

face, comparé au condenseur ordinaire ou à injection, est la même que celle obtenue par le condenseur à surface, soit 43 pour cent. Mais, l'économie ne réside pas seulement dans l'application de l'appareil, elle est encore dans la construction comme dans les frais d'entretien. Le prix du substituant du condenseur, permettant d'alimenter avec de l'eau distillée une chaudière de 50 chevaux-vapeur de force, atteint à peine £70 (1,750 francs) ; et le même appareil suffisant pour la désincrustation de la quantité d'eau de mer nécessaire à l'alimentation d'une chaudière marine de 500 chevaux ne dépasserait pas £240 (6,000 francs), selon les devis fournis par les meilleurs constructeurs anglais, parmi lesquels on peut citer M. Henry Cater, Grove Boiler-works, Southwark, Londres.

Sans vouloir établir aucune comparaison entre ces prix et ceux du condenseur à surface, il suffira de faire ressortir par quelques chiffres l'immense volume de celui-ci, de quelque métal qu'il soit construit, en fer, en cuivre, en fonte : un tel développement de volume implique nécessairement une valeur vénale très-importante, même à ne considérer que le prix de la matière première.

La frégate à vapeur de la marine anglaise la " Medea " est munie d'un tube condenseur de 35 kilomètres de développement, replié circulairement dans des caisses qui reçoivent l'eau de mer froide, servant à la condensation de la vapeur.

Les deux condenseurs à surface de la frégate "Arethusa,' de 35 canons, de la marine Britannique, dont les machines sortent des ateliers John Penn et Fils, à Greenwich, contiennent chacun 1,308 tubes, soit 2,616 tubes; chaque tube a 11 pieds 5 pouces de longueur (2m87), et la longueur totale des 2,616 tubes est de 5 milles et demi anglais (8kilom852) !

Donc, s'il est vrai que l'économie qui peut résulter d'une invention n'est pas la seule question à envisager pour en apprécier la valeur industrielle, qu'il faut avant toute chose prendre en considération le prix de la construction, car autrement il pourrait arriver (s'il s'agissait, par exemple, d'une machine compliquée, d'un prix élevé, ou sujette à des réparations fréquentes), que l'économie, en la supposant obtenue, compensât seulement les dépenses occasionnées pour mettre en œuvre l'invention, qui n'aurait alors, au point de vue industriel, aucune valeur,—ces différents points admis, il convient de reconnaître que le substituant du condenseur à surface réunit toutes les conditions requises. C'est ce que prouvent surabondamment les chiffres qui précèdent, chiffres qui démontrent qu'il y a économie à la fois dans la construction de l'appareil et dans son application, et qu'ainsi est atteint le double but que doit se proposer toute invention ayant la prétention d'être réellement utile. C'est ce que prouvent encore les nombreux témoignages que nous avons reçus et les pièces originales, dont on lira ci-après le texte, accompagné de la traduction française.

Le substituant du condenseur à surface se trouve donc dans des conditions exceptionnellement favorables, qui justifient l'accueil qu'il a reçu en Angleterre de plusieurs établissements de construction de premier ordre, qui l'ont déjà pris sous leur patronage, et ont promis de lui réserver une place dans les plans et devis qu'ils seront appelés à fournir.

CORRESPONDANCE ET RAPPORTS

ORIGINAUX.

———•———

NOTE

SUR LA VALEUR THÉORIQUE ET PRATIQUE

DE

L'APPAREIL BREVETÉ DE M. ÉMILE MARTIN,

POUR ALIMENTER

D'EAU DISTILLÉE LES CHAUDIÈRES A VAPEUR,

Par D.-K. Clark, C.E.,

Membre de l'Institution des Ingénieurs, Surintendant a l'Exposition Internationale de 1862 (Annexe de l'Ouest), Auteur de la " Railway-Machinery," etc.

———————

11, Adam Street, Adelphi, Londres, W.C.,
30 *janvier* 1864.

Cher Monsieur,

J'ai le plaisir de vous envoyer, avec cette lettre, une note que j'ai écrite sur la valeur théorique et pratique de votre apparcil pour alimenter d'eau les chaudières à vapeur. Il me serait infiniment agréable que cette note pût faire l'objet d'une communication à l'Académie des Sciences de Paris, attendu que je ne doute nullement que votre appareil ne soit digne de cette distinction et de la publicité qui lui serait ainsi donnée. Je serais très-heureux si j'avais contribué à propager la connaissance de votre appareil, l'ayant déjà vu fonctionner avec succès chez Messrs. Glover, à Bermondsey.

Je suis, cher Monsieur,

Votre obéissant Serviteur,

D.-K. CLARK, C.E.

M. ÉMILE MARTIN, *Londres.*

L'APPAREIL de M. Émile Martin a pour but de séparer de l'eau, avant son introduction dans la chaudière à vapeur, les sels calcaires ou autres qu'elle contient en dissolution, et toutes les impuretés qui s'y trouvent en suspension, afin de ne fournir aux chaudières, pour leur alimentation, que de l'eau pure.

Tant que l'eau, dans son état naturel, conserve sa température ordinaire, aucune manifestation physique n'y indique la présence des sels qu'elle contient en dissolution, mais dès qu'on l'évapore dans une chaudière, ces sels, n'étant pas vaporisables, sont rejetés et se précipitent en couches solides et dures sur toutes les parois intérieures de la chaudière ; ils s'y accumulent de plus en plus, et finalement ces dépôts, allant toujours en s'épaississant et en se durcissant, diminuent considérablement le pouvoir vaporisant de la chaudière, et réduisent, dans de notables proportions, l'effet utile du calorique. Ce sont là des inconvénients graves que, depuis de longues années, les efforts des ingénieurs et des savants tendent à combattre, sans y avoir réussi pourtant d'une manière radicale. Ces efforts ont pris deux voies différentes : d'un côté, on s'est servi de moyens chimiques pour précipiter dans la chaudière même, sous une forme pulvérulente, tous les sels calcaires et autres que contenait l'eau, précipité facile à enlever en ne le laissant pas trop s'accumuler ; de l'autre (et ce serait là une méthode de beaucoup préférable), ces substances sont séparées et retenues en dehors de la chaudière, laquelle ne reçoit plus dans ce cas que de l'eau pure.

Les objections pratiques à faire au premier système—celui par précipitation interne — sont nombreuses. Malgré la facilité du nettoyage, résultant de la transformation d'une croûte dure en une matière molle, il a toujours été impossible de trouver un spécifique unique et général propre à toutes les eaux, chacune d'elles contenant, en solution ou en suspension, des matières différentes. De plus, il y a souvent un danger résultant des spécifiques mêmes ; ils agissent toujours par voie de combinaisons sur le métal formant les parois de la chaudière, et ils communiquent à la vapeur générée une action corrosive qui se manifeste sur les principaux organes de la machine elle-même, laquelle se détériore promptement.

Quant au second système,—celui qui consisterait à purifier l'eau avant son entrée dans la chaudière,—on effectuerait la précipitation des sels et des substances terreuses contenus dans l'eau par des moyens chimiques analogues à ceux employés dans l'intérieur même de la chaudière—comme dans le premier système—ou, plus simplement encore, en chauffant l'eau jusqu'à une température suffisamment élevée, ce qui ne peut avoir lieu par les procédés ordinaires de chauffage de l'eau, notamment par l'emploi de la vapeur de détente, attendu que, à la température de 212° Fahrt. (la plus élevée qu'on puisse atteindre par la vapeur de détente), l'eau retient encore en solution, dans une grande proportion, des sels terreux ou métalliques, lesquels s'introduisent naturellement dans la chaudière avec l'eau d'alimentation qui les renferme, quoique celle-ci, disons-nous, ait été préalablement chauffée jusqu'à 212° Fahrt. Il est donc absolument indispensable d'élever l'eau d'alimentation à une température très-supérieure à 212° Fahrt., si l'on veut ne fournir que de l'eau pure ou distillée à la chaudière, de manière à éviter radicalement les incrustations et à prolonger la durée de la machine elle-même. C'est cette double nécessité qui a conduit M. Émile Martin à l'invention de son appareil, dans lequel il est possible d'élever la température de l'eau jusqu'au point d'évaporation, par l'emploi de la vapeur surchauffée, agissant sous une pression égale à celle de la chaudière, dans une capacité quelconque spéciale, mise en communication avec la chaudière elle-même, ou mieux encore, contenue dans celle-ci, à une place convenable, s'il s'agit d'une chaudière construite selon les plans de M. Émile Martin. Indépendamment de l'emploi direct d'une certaine partie de la vapeur puisée dans la chaudière, M. Émile Martin surchauffe cette même vapeur—en utilisant la chaleur perdue des foyers, avant que celle-ci puisse pénétrer dans son appareil, où elle s'introduit douée d'une plus haute température, et rendue, par conséquent, plus légère et plus active que précédemment ; en sorte que, par ce surcroît de calorique, enlevé aux carneaux ou à la cheminée—selon la place qu'occupe le surchauffeur—l'eau d'alimentation n'est pas seulement élevée au point d'ébullition, mais encore elle est, ou peut être, convertie (partiellement ou entièrement) en vapeur, — vapeur qui retourne à la chaudière.

La vapeur surchauffée étant naturellement plus légère que la vapeur saturée soumise à la même pression, il est évident que, par suite de la différence des densités, le courant nécessaire à la circulation de la vapeur s'établira entre la chaudière et l'appareil Émile Martin, de sorte que, cet appareil étant placé au-dessus du niveau de la chaudière, le courant ascendant de la vapeur surchauffée se trouve équilibré par le courant descendant de la vapeur saturée, et la différence dans la force de gravitation entre les deux colonnes de vapeur constitue

la force motrice, qui détermine d'une part le courant
de la vapeur surchauffée allant vers l'appareil, et d'autre
part le courant de la vapeur saturée partant de l'appareil
pour se rendre dans la chaudière. Mais les deux courants
qui s'établissent ainsi à travers l'appareil peuvent être
facilement accélérés, ou maintenus à une vitesse requise, au
moyen d'une force mécanique quelconque, agissant indépendamment de la position du surchauffeur de vapeur et
de l'appareil, comme aussi indépendamment de la plus ou
moins grande densité de la vapeur surchauffée. La vapeur
puisée dans la chaudière peut être conduite à travers le
surchauffeur, en quantité voulue, au moyen d'une pompe
circulatoire, mue par la machine, à laquelle elle prendrait
peu de force. De cette manière la régularité de l'action
du purificateur serait assurée contre les résistances éven-
tuelles qui pourraient agir sur les deux courants de vapeur
dont il vient d'être question. L'appareil pourrait, par suite
de l'emploi d'une pompe, occuper une place quelconque par
rapport à la position de la chaudière.

Dans la pratique on a pu se convaincre que l'absorption
du calorique de la vapeur, par son contact avec l'eau, est
instantanée, et que, dans l'appareil qui nous occupe, il ne
peut se produire aucun vide par la condensation de la
vapeur, attendu que le dit appareil est en libre communication avec la chaudière elle-même, et que la moindre
variation d'équilibre est capable de produire de très-grandes
vitesses dans le courant ascendant de la vapeur surchauffée.

Par exemple, supposons la pression de vapeur dans la chaudière égale à 100 livres par pouce carré, et celle dans l'appareil Émile Martin à 99 livres, aussi par pouce carré, c'est-à-dire, une livre en moins par pouce carré ; dans ce cas la vitesse initiale de la vapeur venant de la chaudière pour se rendre dans l'appareil sera de 207 pieds par seconde, en ne tenant compte, bien entendu, d'aucune résistance à vaincre. De même, un courant de vapeur surchauffée, sous une pression de 100 livres par pouce carré, et dont la température aurait été élevée à 500° Fahrt., s'introduirait dans l'appareil avec une vitesse de 229 pieds par seconde.

Il est donc évident que les conditions pratiques qui permettent de régler la vitesse d'un courant de vapeur partant de la chaudière pour se rendre dans l'appareil sont simplement, d'une part, la quantité de vapeur nécessaire pour purifier et vaporiser une quantité d'eau donnée, et, d'autre part, la dimension du tuyau d'alimentation de la vapeur, lequel ne devra laisser pénétrer dans l'appareil que la quantité de vapeur requise pour obtenir l'effet désiré.

Prenons pour exemple une chaudière de 50 chevaux, consommant 60 pieds cubes, ou 3,740 livres d'eau par heure, qu'on désire transformer en vapeur douée d'une pression de 100 livres par pouce carré au-dessus de la pression atmosphérique. Supposons que ces 3,740 livres d'eau aient été chauffées, préalablement à leur introduction dans l'appareil, jusqu'à 212° Fahrt., en y condensant de la vapeur (vapeur de détente); — de combien de degrés Fahrt.

faudra-t-il en élever encore la température pour en opérer la vaporisation, laquelle ne peut s'effectuer, comme on sait, qu'à 338° Fahrt. — température ordinaire de l'eau et de la vapeur contenues dans la chaudière, sous la pression de 100 livres par pouce carré ?— De 126° Fahrt., qu'il faudra produire en condensant une certaine quantité de la vapeur surchauffée introduite dans l'appareil à cet effet.

Le poids de la vapeur nécessaire pour élever une livre d'eau de la température de 212° Fahrt. à 338°, soit de 126°, ou, en d'autres termes, pour communiquer à celle-ci 126 unités de chaleur, se détermine par la quantité de chaleur latente qu'elle contient, mesurée par 876° Fahrt. ; c'est-à-dire, qu'une livre de vapeur, sous la pression indiquée, contient 876 unités de chaleur, et que, par conséquent, une fraction de livre, notamment $126 = {\cdot}144$ de cette vapeur, serait suffisante pour chauffer une livre d'eau de 212° Fahrt. à 338° Fahrt. Donc la consommation de vapeur pour chauffer de 212° Fahrt. à 338°, 3,740 livres d'eau par heure, sera $3740 \times 144 = 538{\cdot}150$ livres par seconde. Le volume d'une livre de vapeur, sous la pression indiquée précédemment, est de 3·80 pieds cubes, et $3{\cdot}80 \times {\cdot}150 = {\cdot}570$ de vapeur à introduire par seconde dans l'appareil Émile Martin. En calculant de la même manière la quantité de vapeur, surchauffée jusqu'à 500° Fahrt., qui est nécessaire pour élever la température de l'eau de 212° Fahrt. à 338°, on trouvera qu'une moindre quantité de vapeur suffira pour obtenir le résultat proposé ; cette quantité requise étant 126 = ·133 livre de vapeur pour chauffer une livre d'eau; soit, pour chauffer 3,740 livres d'eau par heure, 3740 × ·133 = 497 par heure, ou ·138 livre par seconde, d'un volume de ·786 pied cube.

La quantité de vapeur surchauffée sous la pression de 100 livres par pouce carré, et à la température de 500° Fahrt., nécessaire pour élever la température d'une livre d'eau de 212° Fahrt. au point où cette même quantité d'eau serait convertie elle-même en vapeur, sous une pression de 100 livres (sensible pressure) par pouce carré, est, selon la démonstration pratique que nous en avons faite, de 7·710 livres, ou environ 8 livres de vapeur surchauffée pour chaque livre d'eau.

Il est bon de remarquer que la vapeur surchauffée—fournie à l'appareil en quantité suffisante — sert, non-seulement à élever la température de l'eau, comme on l'a vu, mais encore à vaporiser et à surchauffer celle-ci, partiellement ou entièrement, selon la volonté de l'opérateur. Sous ce rapport il n'y a pas de limites à assigner à l'action de la vapeur surchauffée. En effet, l'expérience a montré que toute l'eau introduite dans l'appareil peut y être totalement vaporisée et surchauffée avant sa sortie; car, par suite des conditions dynamiques de l'appareil, celui-ci renferme constamment une atmosphère de vapeur surchauffée, qui en occupe toute la capacité.

Deux avantages fort importants résultent de l'emploi de l'appareil Émile Martin. D'abord on réalise une notable économie de combustible, en employant les chaleurs perdues des foyers, des carneaux et des cheminées, à surchauffer la vapeur avant son introduction dans l'appareil; ensuite on ne fournit à la chaudière que de la vapeur surchauffée, laquelle se mêlant à la vapeur saturée qui y est générée, la sèche et la rend beaucoup plus efficace, — avantage qui se traduit par une nouvelle économie de combustible. Le mélange de la vapeur surchauffée de l'appareil avec la vapeur saturée de la chaudière, avant la transmission de celle-ci à la machine, offre, outre l'économie de combustible qu'on vient de signaler, l'avantage considérable de préserver la machine elle-même de tout dommage, attendu que la vapeur, dans ces conditions, à son arrivée dans les cylindres, n'a pas cessé d'être lubrifiante à la façon de la vapeur saturée, etc.

Il nous reste à examiner l'importante question relative au meilleur mode pratique de surchauffer la vapeur à sa sortie de la chaudière; et la première chose à observer à cet égard, c'est qu'une grande surface de chauffe est indispensable pour obtenir les résultats excessivement utiles dont nous venons de parler; cette surface de chauffe doit égaler celle du foyer lui-même; de plus, elle nécessite la réorganisation du système actuel, attendu que désormais les principales fonctions du foyer ou des foyers consisteront à surchauffer la vapeur générée dans l'appareil purificateur, lequel devient ainsi la véritable chaudière du système, comme la vapeur surchauffée est le véhicule de la chaleur nécessaire à son fonctionnement, tandis que la chaudière ordinaire ne remplit plus que le rôle secondaire d'un réservoir égalisateur de vapeur et d'eau. En attendant que M. Émile Martin ait pu développer complètement le système dans cette direction, il est bon de remarquer que, quel que soit le mode adopté pour surchauffer la vapeur, on devra, selon nous, n'employer que des tuyaux de petits diamètres, placés dans les foyers de manière à ménager leur durée, partant mis à l'abri des coups de feu, tout en offrant une sécurité parfaite. La meilleure place à donner au surchauffeur — lequel doit présenter une surface de chauffe suffisante—est à l'arrière du foyer, de façon à ce qu'il ne soit pas exposé à une température trop élevée, qui le détériorerait promptement. Dans les chaudières marines et les locomotives, les boîtes à fumée et la base de la cheminée "uptakes" sont destinées à recevoir les tubes surchauffeurs, tandis que l'appareil purificateur occupera une place convenable immédiatement au-dessus de la chaudière, avec laquelle il doit se trouver en communication directe.

La vapeur surchauffée destinée au fonctionnement de l'appareil pourra être générée et fournie à celui-ci au moyen d'une chaudière auxiliaire verticale, d'une grande hauteur et multi-tubulaire, de manière à ce que la partie supérieure des tubes puisse être élevée à une haute température, par le passage des produits de la combustion qui les traversent en se rendant dans la cheminée : le contact surchauffe ainsi la vapeur qui les entoure dans cette région de la chaudière.

En maintenant dans cette chaudière auxiliaire une pression plus élevée que celle qui se manifeste dans la chaudière ordinaire en service, il est évident que, par l'emploi de valves régulatrices, la vapeur surchauffée pourra être introduite dans l'appareil purificateur avec une grande vitesse initiale et en quantité considérable,—quantité qui ne pourra être limitée que par le pouvoir évaporant de la chaudière elle-même. Il est plus que probable que, dans la pratique, on trouvera un grand avantage à unir la chaudière auxiliaire dont il vient d'être question à l'appareil purificateur, afin de fournir facilement à celui-ci toute la quantité désirable de vapeur surchauffée.

L'effet utile de l'appareil purificateur sera sans nul doute encore plus considérable si l'eau qui doit l'alimenter a été préalablement chauffée, en y condensant la vapeur de détente sortant des cylindres de la machine.

Pour conclure, nous rappellerons que le sulfate de chaux est, de tous les sels incrustants, celui qui forme les dépôts les plus durs et les plus difficiles à enlever sans endommager les chaudières, auxquelles il adhère très-fortement, et que c'est précisément le sulfate de chaux qu'on ne peut éliminer par les moyens ordinaires mis en usage pour chauffer l'eau d'alimentation, notamment par l'emploi de la vapeur de détente, celle-ci étant impuissante à fournir le contingent de calorique indispensable pour obtenir ce résultat, — tandis que, dans l'appareil Émile Martin, le sulfate de chaux, comme tous les autres sels incrustants, est totalement précipité de l'eau qui le contenait

en dissolution, et cela au moyen des températures élevées pro-
duites par la vapeur surchauffée — en utilisant la chaleur
perdue des foyers, des carneaux et de la cheminée—employée
sous de hautes pressions. De plus, l'effet utile de l'appareil est
encore sensiblement augmenté par l'emploi de la pompe circulatoire, qui permet d'en régler la marche à volonté.

En résumé, il est facile avec l'appareil Émile Martin de
vaporiser, dans des proportions voulues, plus ou moins grandes,
toute l'eau qu'on a employée à son alimentation. Indépendamment des moyens efficaces et rationnels qu'offre l'appareil Émile Martin pour purifier et vaporiser l'eau,
l'économie de combustible résultant de son application aux
chaudières marines ou autres actuellement en service, est
considérable,—non-seulement parce qu'il permet d'utiliser la
chaleur perdue des foyers, des carneaux et des cheminées,
et le calorique contenu dans la vapeur de détente, mais
encore, et surtout, parce qu'il prévient absolument le dépôt
des matières incrustantes sur les parois vaporisantes des
chaudières, dont l'activité se trouve ainsi uniformément
maintenue.

D.-K. CLARK, C.E.

11, ADAM STREET, ADELPHI, LONDRES, W.C.,
    30 *janvier* 1864.

5, Alfred Terrace, Spa Road, Bermondsey,
20 *août* 1863.

Cher Monsieur,

Vous me demandez d'exprimer mon opinion sur votre appareil perfectionné pour chauffer et purifier l'eau.

Je n'hésite pas à déclarer que, selon moi, le dit appareil constitue l'une des inventions modernes les plus fructueuses au point de vue commercial ; je ne saurais trop vous féliciter de l'idée qui lui a donné naissance, et de la manière, pratique à tous égards, dont vous l'appliquez.

Je suis, avec respect, cher Monsieur, etc.

THOS. ADAMS.

M. Émile Martin.

———

11, Adam Street, Adelphi, Londres, W.C.
11 *janvier* 1864.

Monsieur,

Ayant examiné et vu fonctionner votre appareil breveté pour alimenter d'eau purifiée les chaudières à vapeur, au moyen de la vapeur surchauffée — appareil fonctionnant actuellement chez Messrs. Glover frères, à Bermondsey —je certifie avec plaisir que le dit appareil est construit selon des principes excellents et que ses effets pratiques sont incontestables pour séparer de l'eau, avant son entrée dans la chaudière, tous les sels terreux ou autres et toutes les impuretés qu'elle tenait en dissolution ou en suspension.

Votre appareil sera, sans nul doute, excessivement utile pour alimenter d'eau purifiée les chaudières marines, où se perdent forcément, par des extractions fréquentes, de notables proportions de calorique et une certaine partie de la force de la machine elle-même. De plus, indépendamment de l'économie de combustible réalisée par l'emploi de votre appareil, la durée de la machine et des chaudières en sera grandement prolongée.

Je suis, Monsieur, votre obéissant Serviteur,

D.-K. CLARK, C.E.

M. ÉMILE MARTIN, *à Londres.*

GREENWICH, 11 *janvier* 1864.

MONSIEUR,

Ayant été chargé d'examiner et de voir fonctionner votre appareil breveté pour purifier et vaporiser l'eau, par l'application de la vapeur surchauffée, et d'en faire l'objet d'un rapport, j'ai trouvé, après examen, que le dit appareil est disposé de manière à recevoir l'eau à purifier en petites colonnes, ou petits jets très-divisés, laquelle eau venant en contact avec la vapeur surchauffée, est immédiatement vaporisée, et la totalité des sels et des impuretés qu'elle contenait est précipitée instantanément sur des tablettes perforées, où ils s'accumulent.

J'éprouve le plus grand plaisir à pouvoir témoigner,

L

de visu, de la simplicité et de l'efficacité incontestablement pratique de votre appareil.

J'ai l'honneur d'être, Monsieur,

Votre obéissant Serviteur,

THOMAS HALLIDAY,

L'un des directeurs de la maison John Penn & Fils,
à Greenwich.

M. Émile Martin.

REMARQUES sur les pertes de chaleur occasionnées par les extractions fréquentes des chaudières marines, et par les incrustations qui s'y forment.

Si nous considérons une machine marine de la construction la plus moderne, ayant un condenseur ordinaire sortant des ateliers d'un de nos meilleurs constructeurs, et fonctionnant avec de la vapeur surchauffée modérément, sous une pression de 20 à 25 livres par pouce carré, nous nous convaincrons que, par la consommation de $3\frac{3}{4}$ à 4 livres par heure, de bon charbon du pays de Galles, nous obtenons un cheval de force (indicated horse-power) comme moyenne de douze mois de travail.

Si, d'un autre côté, nous considérons une autre machine marine pourvue de condenseurs à surface, sortant également des meilleurs ateliers de construction et fonctionnant aussi avec de la vapeur modérément surchauffée, nous avons la preuve certaine qu'en ne consommant, par heure, que $2\frac{1}{4}$ à $2\frac{3}{4}$ livres de charbon de même qualité, nous obtenons la même force que précédemment, c'est-à-dire un cheval de force (indicated horse-power). C'est pourquoi nous pouvons justement évaluer à 33 pour cent du combustible employé la perte résultant des extractions fréquentes des chaudières marines, non munies de condenseurs à surface.

Me référant à mon rapport du 11 janvier 1864, à l'égard de l'emploi de l'appareil de M. Émile Martin, pour évaporer l'eau et en dégager par conséquent toutes les impuretés, au moyen de la vapeur surchauffée, je ne doute nullement que le dit appareil Émile Martin, bien appliqué aux chaudières marines, n'effectue la même économie que ci-dessus.

La perte de chaleur résultant des incrustations est bien inférieure à celle occasionnée par les extractions ; car dans aucun cas elle ne peut excéder 10 pour cent, sans que les plaques formant les parois des foyers soient exposées à se rompre ou à se tordre.

THO. HALLIDAY.

GREENWICH, 13 *février* 1864.

5, ALFRED TERRACE, SPA ROAD, BERMONDSEY, S.E.,
17 *février* 1864.

MONSIEUR,

J'ai lu le rapport très-favorable de M. Halliday (l'un des directeurs de la maison John Penn et Fils à Greenwich) sur l'excellence du fonctionnement de votre appareil pour vaporiser l'eau par la vapeur surchauffée, rapport dans lequel M. Halliday a prouvé incontestablement, par des faits pratiques, que votre appareil, appliqué aux chaudières marines pourvues d'un condenseur à jet ordinaire, peut réaliser une économie de 43 pour cent sur les meilleures machines à vapeur : ceci est, Monsieur, la confirmation de ce que je vous ai dit il y a quelque temps, à savoir, que votre appareil était appelé à remplacer les condenseurs à surface, attendu que l'économie de combustible qu'il réalise est la même que celle que procure le condenseur à surface, tandis que leur prix comparé de construction et d'installation est comme cent est à un, pour des machines de 500 chevaux de force, et leur dépense d'entretien dans une proportion semblable.

Je répète encore qu'avec un surchauffeur dont la surface de chauffe serait 75, celle de la chaudière étant 100, et occupant un cinquième de l'espace de celle-ci, tout en pesant cinq fois moins, il est possble de se dispenser de l'usage de la chaudière elle-même et de suffire à produire toute la vapeur nécessaire au travail de la machine.*

Je suis, Monsieur, votre obéissant Serviteur,

THOS. ADAMS.

M. ÉMILE MARTIN.

---

* Les lettres de Mr. Th. Adams et les opinions qu'elles expriment ne sont données par l'auteur qu'à titre de renseignements, sans qu'il s'en rende responsable.

5, Alfred Terrace, Spa Road, Bermondsey.
28 *janvier* 1864.

Cher Monsieur,

Je vous envoie la lettre de M. Ramsay, chef d'atelier chez Messrs. Glover, par laquelle il vous informe que votre appareil pour purifier et vaporiser l'eau continue à fonctionner d'une manière très-satisfaisante. Je saisis cette occasion de me joindre à M. D.-K. Clark, C.E., et à M. Halliday, directeur de la maison John Penn et Fils, à Greenwich, afin de confirmer leur rapport, d'où il résulte que votre appareil sépare de l'eau qu'on veut purifier, avant son entrée dans la chaudière, toutes les impuretés qu'elle contenait en dissolution ou en suspension, et qu'il est de plus, comme l'a déjà dit M. Halliday, d'une grande simplicité, facilement applicable et d'une efficacité incontestablement pratique.

Je ne crains pas d'ajouter que, par l'emploi de votre appareil, on résoud la grande question de l'économie de combustible que les ingénieurs cherchent à réaliser actuellement par l'introduction de lourds et très-dispendieux condenseurs à surface; et qu'enfin, au moyen de votre second brevet, pour le même objet, on peut se dispenser de l'usage des chaudières elles-mêmes.

Votre obéissant Serviteur,

THOS. ADAMS.

M. Émile Martin.

CORRESPONDANCE ET RAPPORTS

ORIGINAUX.

(TEXTE ANGLAIS.)

NOTE

ON THE THEORETICAL AND PRACTICAL VALUE

OF THE

PATENT APPARATUS

OF M. ÉMILE MARTIN,

FOR SUPPLYING WATER TO STEAM-BOILERS,

BY D. K. CLARK, C.E.,

*Member of the Institution of Civil Engineers; late Superintendent of the
Western Annex, International Exhibition, 1862; Author of
"Railway Machinery," etc.*

11, ADAM STREET, ADELPHI, LONDON, W.C.,
January 30th, 1864.

DEAR SIR,

I HAVE the pleasure of enclosing to you a *Note*
which I have written on the theoretical and practical value

of your apparatus for supplying water to steam boilers. I would feel obliged if this *Note* can be made the object of a communication to the Academy of Sciences of Paris, as I have no doubt your apparatus would be worthy of the distinction and the publicity which would thus be awarded to it. I shall be glad if I shall have aided in making better known your apparatus, having seen it in successful operation at Messrs. Glover's, Bermondsey.

I remain, dear Sir,

Your obedient Servant,

D. K. CLARK, C.E.

M. ÉMILE MARTIN.

THE object of M. Émile Martin's apparatus is to separate the calcareous and other impurities commonly found in solution in the water supplied to steam-boilers, so that it may be delivered to them in a state of purity. So long as the water remains cold, the earthy matter remains in solution without any physical indication of its presence; but, when the water in its natural condition is evaporated in a boiler, the dissolved matter is rejected, and, not being evaporable, is precipitated upon the interior evaporating and other surfaces of the boiler in hard layers, which gradually accumulate in thickness, so as materially to reduce the evaporative power of the boiler, and to impair the efficiency of the fuel.

Engineers have, for many years, endeavoured, by means of various contrivances, to provide a remedy for this serious defect in the economy of steam-boilers. They have directed their endeavours in two ways: according to one class of contrivances, by the expedient of introducing counteractive substances with the water into the boiler, in order to precipitate the impurity in solution in the form of loose matter, which can be easily washed off and removed; and, according to another and superior class of contrivances, by separating and detaining the earthy matter in order that purified water may enter the boiler.

The practical objections to the former class of contrivances, acting by internal precipitation, are, that whilst by such means the matter may be removed from the boiler without violence and with less delay than when it is permitted to be deposited in hard layers; yet the composition of the matter in solution varies in different situations, so that no universal specific can be prescribed for purifying the various waters, and the risk is incurred of setting up chemical action upon the material of the boiler; and, also, by the medium of the steam upon the engines, which has in some cases been found to act most injuriously, and to impair their durability. Moreover, though the matter may be loosely precipitated, it is nevertheless lodged upon the evaporating surfaces; and, to a certain extent, continues, in its loose condition, to interfere with the proper function of the boiler.

In the second class of contrivances, by means of which

M

the water is purified before it enters the boiler, the separation of the earthy matter is effected either by chemical precipitation, as in the first class, or by the simple process of heating the water.

The process by the application of heat is one of peculiar simplicity, and when thoroughly applied of peculiar efficiency. It has been proved experimentally that the affinity of water for earthy salts is weakened to a considerable extent by the application of heat, so that cold water holding the salts in solution, will, if raised to the boiling point under atmospheric pressure, reject and precipitate the greater part of the matter.

The water, however, is not wholly purified by the heating process, as it has ordinarily been applied, namely, by means of the exhaust steam of the engine; because at the temperature of 212° Fahr., which may be assumed to be the highest that is attained by means of exhaust steam, water still retains in solution a considerable portion of the earthy salts, which are of course carried into the boiler with the feed-water. It is, then, necessary to raise still further the temperature of the water previously to its entering the boiler, that the remaining matter may be separated; and by this necessity one is conducted to the apparatus invented by M. Émile Martin, in which the temperature of the water is raised by superheated steam of the pressure in the boiler itself, in a separate vessel in communication with the boiler.

But, in addition to the use of steam direct from the

boiler, it will be observed that M. Émile Martin superheats the current of steam before it enters the chamber, making it hotter, lighter, and more active than before, and economizing a portion of the waste heat from the flues. By means of the surcharge of heat thus brought into the chamber, moreover, the water may not only be heated to the boiling point, but a considerable portion of it may further be converted into steam, to be discharged into the boiler. The superheated steam being necessarily lighter than the saturated steam of the same pressure, it is obvious that the needful circulating current may be set up between the boiler and the heating-chamber, in virtue of the difference of their densities; the chamber being placed in a position above the level of the boiler, the ascending column of superheated steam from the flues to the chamber is overbalanced by the descending column of saturated steam from the chamber to the boiler and the flues; and the difference of the gravitating force of the two columns of steam is the motive power which determines the flow of superheated steam towards the chamber, and the delivery of saturated steam from the chamber into the boiler.

But the circulating current of steam through the apparatus may easily be accelerated, or even entirely maintained, by mechanical means, independently of the position of the superheater, and the relative lightness of the superheated steam. The steam from the boiler may be driven into and through the superheater by means of a circulating pump in any desired quantity, thence to the purifier, returning to the boiler. Such a pump could be worked at a very small expenditure of steam, whilst with a sufficient supply of superheated steam, the certainty of action of the purifying apparatus would be insured by the pump against the incidental resistances to the circulating current; at the same time that the apparatus may be placed in any convenient situation.

The absorption of heat from steam by water brought into contact with it, is a more facile operation than is commonly supposed, and is practically instantaneous. There is virtually no vacuum formed by the condensing action of the water within the heating-chamber, since the chamber is in free communication with the boiler, and a very slight disturbance of equilibrium is capable of exciting a high velocity in a current of superheated steam. For example, suppose the absolute pressure of steam in the boiler is equal to 100 lb. per square inch, and that in the heating chamber 99 lb. per square inch, or 1 lb. less, then the steam from the boiler will rush into the chamber with an initial velocity of 207 feet per second, omitting meantime any allowance for frictional and other resistance. Again, a current of superheated steam of 100 lb. pressure per square inch, and raised to a temperature of 500° Fahr., would rush into the chamber with an initial velocity of 229 feet per second.

The practical condition which would govern the velocity of influx of plain steam from the boiler into the heating-chamber, would simply be the demand for steam to heat the water, and the size of the steam-pipe for just as much steam as would be wanted to be absorbed, and no more of course would flow into the chamber. Take, for example, a 50-horse boiler, consuming, say, 60 cubic feet, or 3,740 pounds of water per hour, in steam of 100 lb. pressure per square inch above that of the atmosphere. To heat that quantity of water from the common temperature, 212° Fahr., to 338° Fahr., the temperature of the steam and water in the boiler, it would require to be elevated through 126° Fahr., by the condensation and absorption of an adequate quantity of steam. The weight of steam which would be necessary to raise the temperature of one pound of water through 126° Fahr., or to communicate to it 126 units of heat, may be estimated from the known quantity of latent heat it contains, measured by 876° Fahr.; that is to say, 1 lb. of steam of the given pressure, contains 876 units of heat, and, therefore, a fraction of a pound, namely, $\frac{126}{876} = \cdot144$ lb. of the steam, would be necessary and sufficient to heat one pound of water to the temperature 338° Fahr. The consumption of steam for the purpose of heating 3,740 lb. of water per hour would therefore amount to $3740 \times \cdot144 = 1188$ lb. of steam per hour, or $\cdot150$ lb. per second. Now the volume of one pound of steam of the given pressure is 3·80 cubic feet, and $3 \cdot 80 \times \cdot330 = \cdot570$ cubic foot, is the volume of the steam to be delivered per second into the heating-chamber.

In forming a similar estimate of the quantity of super-heated steam of 500° Fahr. that is required to raise the temperature of the feed-water from 212° Fahr. to 338° Fahr., it will be found that a less weight of steam will suffice for the purpose, the quantity required being $\frac{126}{944} = \cdot133$ lb. of steam to heat one pound of feed-water, and for heating 3,740 lb. per hour, $3740 \times \cdot133 = 497$ lb. of superheated steam per hour, or $\cdot138$ lb. per second, of which the volume is $\cdot786$ cubic foot.

But the superheated steam employed in heating the feed-water is effective also in evaporating a portion of the water; assuming, of course, that there is a sufficient supply of superheated steam for the purpose. There is on this assumption, indeed, no limit to the action of the latter steam, short of evaporating the whole of the water and superheating more or less of the steam, since the heating-chamber must, under the supposed conditions of the apparatus, be constantly occupied by an atmosphere of superheated steam. The apparatus would require, of course, to be suitably arranged, for the purpose of supplying a proportion of superheated steam with the ordinary steam generated in it. The quantity of superheated steam of 100 lb. pressure per square inch, and of a temperature of 500° Fahr., which would be required to raise the temperature of 1 pound of water at 212° Fahr., and to convert it into saturated steam of 100 lb. sensible pressure per square inch, would amount to 7,710 lb.; or nearly 8 pounds of superheated steam to 1 pound of water.

Two important advantages would be derived from the operation of the apparatus in the manner adverted to. In the first place, there would be the economy of fuel due to the intercepting and economizing of the waste heat of the flues by superheating the steam from the boiler. Secondly, the advantage of delivering superheated steam in greater or less quantity from the apparatus to the boiler, and its thereby mixing with and drying the steam within the boiler; for steam which has been dried works with greater efficiency than steam which is wet or is merely saturated; and hence a second source of economy of fuel.

The delivery of superheated steam generated within the apparatus into the boiler, to be equalized with the steam already there, previously to its employment in the engine, is another feature of some importance, as all risk of damaging the working parts of the engine by excessively superheated steam and defective lubrication is thereby obviated.

There still exists for consideration the great practical question of the means for superheating the steam from the boiler; and the first thing to be observed is that a large extent of superheating surface would be indispensable in order to yield the full measure of the benefits above recited, not only the heating of the feed-water up to the boiling point, but also the conversion of the water into steam, and in addition the superheating of this steam. It would, in fact, demand a heating power equal in magnitude to that of the boiler-furnace itself, and would involve a re-organization of the whole system, in which the super-heating of steam would constitute the principal function of the furnace, and the boiler proper would fulfil the secondary purpose of a reservoir and equalizer of heated water and steam, the superheated steam acting as a vehicle for the heat to convey it into the heating-chamber, which would become the real boiler of the system.

Meantime and until the system can be fully developed in this direction, it may be remarked that, in any system of superheating, the work should be done in tubes or pipes of small diameter placed in the flue, to combine safety and, as far as possible, durability. For the same objects it is preferable that the superheating tubes should be placed in the more remote flues of the furnace, where the heat is the less intense, and where, with a sufficient accumulation of superheating tube-surface, the pieces themselves may be the less likely to be injured by excessively high temperature. In marine and locomotive boilers, the smoke-boxes or uptakes are suitably situated to receive the superheating system, whilst the heating-chamber of the apparatus may be placed on the top of the boilers.

But, again, the supply of superheated steam for work-ing the apparatus might be generated in a separate boiler, say an upright multi-tubular boiler of great height, exposing a sufficient length of the tubes at their upper ends in contact with the steam for the purpose of superheating it ; and by maintaining a higher pressure in this auxiliary boiler than in the principal boiler, it is obvious that by means of a regulating valve, the superheated current could be delivered to the heating-chamber at any velocity and in any quantity within the capability of the boiler to supply it. It is likely that in general it would be found preferable in practice to associate the auxiliary boiler with the apparatus for the purpose of supplying the desiderated quantity of superheated steam.

The action of the apparatus may be assisted by the partial heating of the feed-water by the exhaust steam of the engine.

In conclusion, it may be observed that whilst the hard sulphate of lime constitutes the most formidable deposit within the boiler, and is the most troublesome to remove without damaging the interior surfaces, this salt is precisely that which the ordinary process of purifying, by means of exhaust steam, fails to disengage from the water. But, in the apparatus of M. Émile Martin, the sulphate of lime is effectually separated from the water, as the elevated temperature requisite for the final disengagement of that salt is supplied from the steam which is brought direct from the boiler, and superheated on its way to the apparatus. By the use of superheated steam of high pressure, moreover, especially with the aid of the circulating pump, the action of the apparatus is greatly accelerated in comparison with the use of ordinary steam from the boiler, and a much more compact and efficient apparatus is obtained, whilst, in ad-

N

dition, it supplies a means of evaporating the feed-water to a greater or less extent within the apparatus, by means of the waste heat saved from the flues.

With the efficient means of purification supplied by M. Emile Martin's apparatus, the economy of fuel arising from its application to steam boilers will be very considerable, not only on account of the saving of heat from the flues, and in addition the saving of heat by utilizing a portion of the exhaust steam, but also to an important extent on account of the uniform cleanliness and activity of the evaporating surfaces of the boiler.

D. K. CLARK, C.E.

11, ADAM STREET, ADELPHI, LONDON,
January 30, 1864.

5, ALFRED TERRACE, SPA ROAD, BERMONDSEY,
August 20th, 1863.

DEAR SIR,

You ask me to certify my opinion of your improvements in apparatus for heating and purifying water.

I have no hesitation in declaring that I believe it to be one of the most *commercially* valuable designs of the day, and congratulate you on your idea, which gave birth to the same; and from the manner in which you apply your invention, it is in every way perfectly practicable.

Yours very respectfully,
THOS. ADAMS.

Monsieur ÉMILE MARTIN.

11, Adam Street, Adelphi, London, W.C.,
January 11th, 1864.

Sir,

Having examined and witnessed the performance of your Patent Apparatus for supplying purified water to steam boilers by the agency of superheated steam, now working at Messrs. Glover's works at Bermondsey, I have pleasure in testifying to the sound principle of the apparatus, and to its practical efficiency in separating the earthy salts and other impurities in solution and in suspension from the water previously to its entering the boiler. The apparatus will no doubt prove most serviceable for supplying marine boilers with purified water, where a great proportion of heat is lost in the brine blown off at intervals; and in addition to the economy of fuel which must be effected by its use, it will further increase the durability of the engines and boilers.

I am, Sir, your obedient Servant,

D. K. CLARK, C.E.

M. Émile Martin, *London.*

Greenwich, *January 11th,* 1864.

Sir,

Having been requested to examine and report upon your patent apparatus for purifying and evaporating water by the application of superheated steam,— on examination

I found the apparatus so arranged as to admit the impure water in small columns or streamlets, which coming in contact with the superheated steam, is immediately evaporated, the whole of the impurities are at once precipitated on perforated plates and there collected.

I have much pleasure in being able to bear testimony to the simplicity, practicability, and efficiency of the said apparatus.

I have the honour to remain, Sir,

Your obedient Servant,

THOMAS HALLIDAY,

Manager, John Penn & Son.

Monsieur Émile Martin.

REMARKS on the Loss of Heat caused by the "Blowing-off" of Marine Steam-Engine Boilers, and on the probable loss by incrustations.

If we take a marine steam-engine of the most modern construction, with the ordinary condenser, by one of the best makers, and working with moderately superheated steam at a pressure of from 20 to 25 pounds on the square inch, we obtain an indicated horse-power by the consumption of from $3\frac{1}{2}$ to 4 pounds of good Welsh coals per hour. This would be the mean average of twelve months' working.

Now if we take an engine with surface-condensers (also

by one of our best makers), and also working with steam moderately superheated, we obtain an indicated horse-power by the consumption of from $2\frac{1}{4}$ to $2\frac{3}{4}$ pounds of similar coals per hour.

Therefore we may fairly estimate the loss of heat sustained by " blowing off " of marine boilers to be equal to 33 per cent. In referring to my report of January 11, 1864, respecting the working of Monsieur Émile Martin's apparatus for evaporating water and collecting the impurities thereof by the process of superheated steam, I have no doubt that the said apparatus, if well applied to marine boilers, would effect the same economy.

The loss of heat caused by incrustations is very much less than by " blowing off," as in no case can it exceed 1 per cent. before the furnace plates would collapse.

THO. HALLIDAY.

GREENWICH, *February 13th*, 1864.

5, ALFRED TERRACE, SPA ROAD, BERMONDSEY, S.E.,
February 17th, 1864.

SIR,

Having seen the very favourable report of Mr. Halliday (Manager to John Penn & Son, of Greenwich) on the successful working of your apparatus for evaporating water by superheated steam, wherein that gentleman has proved by incontestable proofs, derived from the practice of our best engineers, that your apparatus, applied to marine boilers with the ordinary jet condenser, is capable of effecting an economy of 43 per cent. on the best engines made; this, Sir, is a confirmation of what I predicted to you some time ago, that your apparatus was destined to supply the place of the surface‑condenser, because their economy is equal, while their first cost in their application to engines of 500 H.P. is in the proportion of one hundred to one, and their tear and wear maintenance in similar proportion.

And I again repeat, that with a superheater, with a heating surface of 75 per cent. of the ordinary heating surface of the boiler, and occupying about one-fifth the space and the same in weight, you can dispense with the boiler altogether, and do all that is at present done with the steam-engine.

I am, Sir,

Your obedient Servant,

THOS. ADAMS.

Monsieur ÉMILE MARTIN.

5, ALFRED TERRACE, SPA ROAD, BERMONDSEY,

January 28th, 1864.

DEAR SIR,

I send you the letter of Mr. Ramsay, Mr. Glover's foreman, in which he tells you that your apparatus for evaporating and purifying water continues to work satisfactorily; and I beg leave to embrace this opportunity of joining with Mr. D. K. Clark, C.E., M.I.M.E., M.S.A., and Superintendent of the Exhibition of 1862, and Mr. Halliday, Manager of the firm of John Penn & Son, of Greenwich, in confirming their report that your apparatus collected all the impurities of the water, whether in chemical solution or mechanical suspension, and that, as Mr. Halliday says, it is simple, practicable, and efficient.

And I will further add, that it will do all that engineers are now seeking to do by the introduction of heavy and costly surface-condensers; and furthermore to add, that by the use of your second patent for the same object, you can do without a boiler altogether.

Yours obediently,

THOS. ADAMS.

M. ÉMILE MARTIN.

SURCHAUFFAGE DE LA VAPEUR

PAR

LES CHALEURS PERDUES,

SANS AUCUNS FRAIS DE COMBUSTIBLE.

LA chaleur perdue de la chaudière à laquelle sera appliqué le substituant du condenseur à surface, qu'elle doit alimenter d'eau distillée, sera suffisante pour surchauffer la vapeur sortant de la chaudière, et destinée à travailler dans le cylindre de la machine, comme celle employée dans le substituant du condenseur à surface, afin que le fonctionnement de celui-ci ait lieu sans surcroît de dépense, et que la vapeur provenant de la chaudière (qui a reçu celle générée dans l'appareil avec lequel elle est en communication) arrive surchauffée dans le cylindre de la machine, où elle empêche la présence de l'eau, de façon, comme le dit si bien Mr. John Penn, " à créer une *machine à vapeur* dans le sens rigou-
" reux du mot, au lieu d'une machine mise en mouvement par
" un mélange d'eau et de vapeur." Voici à cet égard nos considérations, appuyées de chiffres:

La température des produits de la combustion en quittant

la chaudière est, d'après des expériences faites sur les machines locomotives (dans la boîte à fumée), de 450° C. ; il est démontré par la pratique que la température la plus favorable pour le tirage n'est que de 300° C.; il reste donc à utiliser le surplus, soit 150° C.

La quantité de chaleur qui se trouve dans les produits de la combustion sortant de la cheminée avec une chaleur de 450° peut être calculée de la manière suivante :

La quantité d'air atmosphérique nécessaire pour la combustion parfaite de 1 kilogr. de houille est dans la pratique de 18·10 mètres cubes, à 0° C., et à moyenne pression ; mais, comme il y a quelque différence en plus provenant de l'état hydrométrique de la houille, soit 0·34 mètre cube par 1 kilogr., le volume réel des gaz sera 18·44 mètres cubes.

Le poids de l'air étant de 1·29318 par mètre cube, le poids des gaz sera de 23·84 kilogr.

La chaleur contenue dans ces 23·84 kilogr. est

$$0{\cdot}2377 \times 23{\cdot}84 \times 450 = 2545{\cdot}7 \text{ calories}$$

(0·2377 étant la chaleur spécifique de l'air).

La chaleur totale contenue dans 1 kilogr. de houille de qualité moyenne est 7,500 calories, d'où résulte la perte exprimée comme suit : $\dfrac{2545{\cdot}7}{7500} = 0{\cdot}339$, ou 33·9 pour cent.

Si nous laissons les gaz s'échapper seulement à 300° de température, la chaleur perdue n'est que de

$$0{\cdot}2377 \times 23{\cdot}84 \times 300 = 1697 \text{ calories}.$$

La chaleur utilisée de 7500 − 1700 = 5800 calories.

On peut supposer que la quantité de vapeur produite par la combustion de 1 kilogr. de houille ne s'élève pas dans les chaudières de premier ordre à plus de 6 kilogr. ; mais comme on a besoin seulement de 650 calories, en moyenne, pour la production de 1 kilogr. de vapeur, on voit qu'une perte nouvelle doit avoir lieu, perte qui dans les meilleures chaudières est de $5800 - 6 \times 650 = 1900$ calories ; ou à peu près 300 calories par chaque kilogramme de vapeur obtenu.

La quantité de chaleur nécessaire à surchauffer la vapeur de 150°, par exemple, à 300°, est, si la chaleur spécifique est supposée 0·4750 (Regnault) :

$$W = c \, (t - t_{,}) = 0·4750 \, (300 - 150)$$
$$W = 71·25 \text{ calories} ;$$

mais, comme on a 6 kilogr. de vapeur, la chaleur sera nécessairement de :

$$W = 427·50 \text{ calories.}$$

On a donc surchauffé chaque kilogramme de vapeur saturée de 150° à 300°. Le nombre de calories contenues dans la vapeur saturée est de :

$$F = 573·34 + 0·2342 \, t = 608 \text{ calories} ;$$

dans la vapeur surchauffée de :

$$F = 573·34 + 0·2342 \, t = 643·5 \text{ calories,}$$

et la différence, 35·5 calories par 1 kilogr. de vapeur ou $6 \times 35·5$ calories $= 213·0$ calories par 1 kilogr. de houille, peut être utilisée pour la production de $\dfrac{213}{650} = 0·33$ kilogr. de vapeur ; de cette manière on a obtenu par chaque kilogramme de combustible 6·33 kilog. au lieu de 6, représentant 5·5 pour cent du combustible, et en outre, il reste :

$$1697 - 213 = 1484 \text{ calories.}$$

Ces 1484 calories disponibles sont plus que suffisantes pour surchauffer la vapeur qui doit travailler dans le cylindre de la machine.

On a vu que la température de la vapeur saturée est de 150°; la température à laquelle on pourrait la surchauffer avec la chaleur dont on dispose se trouverait être, d'après la formule qui suit, de 640·6° C. :

$$\frac{W}{cq} + t_o \qquad t_{,}$$

et t_o étant 150° C., $q = 6\cdot33$ kilog., on a $t_{,} = 640\cdot6°$ C.

Mais a-t-on besoin de dire que la température que ce dernier nombre exprime n'est que théorique, et sans application dans le cas qui nous occupe; car la vapeur, douée déjà d'une température de 150°, ne peut absorber que les 150° disponibles dans la boîte à fumée? Par ce calcul on a seulement voulu prouver la vérité de la première proposition, à savoir que la chaleur perdue de la chaudière sera suffisante pour surchauffer la vapeur sortant de la chaudière, pour se rendre au cylindre de la machine (et qui reçoit, comme on l'a vu, la vapeur générée dans le substituant du condenseur à surface), ainsi que celle nécessaire au fonctionnement de celui-ci. Ceci dit, nous croyons devoir laisser la parole à un homme très-compétent en ces matières, à Mr. John Penn, le célèbre constructeur, dont les ateliers à Greenwich font l'admiration de l'Europe savante et industrielle.

ÉMILE MARTIN.

DE L'APPLICATION

DE LA VAPEUR SURCHAUFFÉE

AUX

MACHINES-A-VAPEUR DE LA MARINE.

EXPOSÉ

Lu à Leeds, le 7 septembre 1859,
dans la Réunion des Membres de l'Institut des Ingénieurs-Mécaniciens
(Institution of Mechanical Engineers),

PAR

Mr. JOHN PENN, Président.

DEPUIS longtemps l'opinion s'est prononcée favorablement à l'égard de l'application de la vapeur surchauffée aux machines-à-vapeur, et nombre de savants ont soutenu que de ce principe pouvaient découler d'importants avantages ; mais jusqu'à ces derniers temps peu d'efforts avaient été tentés dans le domaine de la pratique ; on semblait douter que les avantages du système fussent assez grands pour lui permettre d'être généralement adopté. Probablement le développement de ce principe avait-il été arrêté dès le début par l'exagération même avec laquelle le vantaient ses premiers promoteurs, peut-être aussi par la fausse idée que l'on se faisait de l'action de la vapeur surchauffée : de là des tentatives pour élever le surchauffage à un degré excessif, tentatives qui, compromettant la marche régulière et la solidité de l'appareil, provoquaient le découragement et l'abandon subséquent de l'entreprise.

L'essai pratique de la vapeur surchauffée paraît avoir été définitivement fait il y a 27 ans par Mr. Thomas Howard, de Rotherhithe ; mais dans ce cas la chaudière (ou vaporisateur) était sèche, et l'eau n'arrivait, à chaque coup de la machine, qu'en quantité suffisante pour produire la quantité nécessaire de vapeur. D'après les expériences faites, il paraîtrait qu'une économie considérable fût ainsi réalisée ; mais bien que l'appareil vînt complètement donner raison au principe, il était d'une construction trop délicate, et se vit abandonné pour ce motif. Il semble que Mr. Howard ait été pleinement convaincu des avantages du système, et il exprima toujours cette opinion, qu'avec les machines ordinaires il se produisait une perte de 30 pour cent, perte qu'il était possible de recouvrer en surchauffant la vapeur. Bientôt après, feu le Dr. Haycraft, de Greenwich, reprit en main la question, et s'en fit l'ardent défenseur, persuadé, lui aussi, que de grands avantages devaient résulter du surchauffage de la vapeur dans les machines ; il avait coutume de dire qu'un temps viendrait où le principe serait généralement adopté, et qu'ainsi une économie de 30 pour cent serait réalisée dans le combustible.

Il y a de longues années que celui qui écrit ces lignes fut pour la première fois pénétré de l'importance du principe, par Mr. Howard d'abord, puis par le Dr. Haycraft (il était intimement lié avec tous deux) ; à lui aussi il fut démontré, par l'expérience et par l'observation, que d'importants avantages dans l'économie du combustible pouvaient être obtenus par ce système, la question capitale à déterminer étant celle-ci :

Faut-il sérieusement redouter, au point de vue pratique, la complication de l'appareil, ses risques d'arrêt ou de dérangement, les entraves qu'il peut apporter à la lubrification de la machine ? Les récents essais qu'il a faits sur une large échelle l'ont amené à ces conclusions :

L'application de la vapeur surchauffée peut produire un avantage se traduisant par une économie de combustible de 20 à 30 pour cent dans les machines à vapeur de la marine ;

Le surchauffage à un degré modéré est susceptible de donner tous les importants avantages que promet le principe en lui-même ;

Enfin, il ne faut pas voir un obstacle sérieux dans le surcroît de fatigue imposé nécessairement à la machine, ses risques d'arrêt, la complication de l'appareil, ou les difficultés à redouter pour la lubrification.

L'avantage qui doit résulter de l'emploi de la vapeur sur-chauffée paraît prendre réellement sa source dans ce fait, qu'on empêche ainsi absolument la présence de l'eau dans le cylindre de la machine, qu'on s'assure que le cylindre ne sera jamais occupé que par de la vapeur pure, et qu'on crée une *machine-à-vapeur* dans le sens rigoureux du mot, au lieu d'une machine mise en mouvement par un mélange d'eau et de vapeur. Dans toutes les machines à condensation, l'inté-rieur du cylindre, étant ouvert au condenseur pendant la moitié de la durée de chaque révolution de l'arbre, est par suite durant le même espace de temps en communication avec la basse température du condenseur, soit environ 110° (43°), quand le vide est de $13\frac{1}{2}$ livres par pouce (0·918 kilog. par atmosphère) au-dessous de l'atmosphère, ou 27 pouces de mercure (685 millim.). Il y a conséquemment un rayonne-ment rapide de chaleur provenant des côtés et du bout du cylindre, dont le résultat est de refroidir l'ensemble du métal. La vapeur introduite dans le cylindre par la révolution sui-vante, à une température de 260° (127°) (si de 20 livres par pouce (1·36 atmosph.) au-dessus de l'atmosphère), — cette vapeur, dis-je, entrant en contact avec les surfaces refroidies, les chauffe de nouveau, se dépouillant ainsi en leur faveur d'une partie de son calorique; il en résulte qu'une certaine quantité d'eau se dépose dans le cylindre par suite de la con-densation d'une somme de vapeur proportionnée à la quantité de chaleur communiquée au métal du cylindre. Une portion de cette eau contenue dans le cylindre peut se vaporiser de

nouveau en vapeur à la fin de la révolution, si la détente de la
vapeur est portée à une pression suffisamment basse ; mais
même dans ce cas sa valeur effective comme vapeur en poussant le piston aura été perdue, pendant toute la précédente
partie de la révolution. En somme, la machine actuelle doit
être regardée comme supérieure en un point seulement à la
machine atmosphérique de Newcomen, dans laquelle à
chaque révolution la totalité de la vapeur se condensait dans
le cylindre, et les avantages de la grande invention de Watt,
effectuant la condensation dans un vase séparé, ne seront pas
pleinement obtenus, tant qu'il n'aura pas été remédié à ce
vice capital. Si maintenant on ajoute à la vapeur, en la
surchauffant avant son entrée dans le cylindre, une quantité
de chaleur égale à celle que le cylindre attire à lui, elle
restera parfaitement sèche pendant toute la révolution, et il
ne se déposera pas une goutte d'eau. C'est ainsi, selon les
idées de l'auteur, que le surchauffage de la vapeur arrive à
produire une économie de vapeur, et conséquemment une
économie de combustible, en empêchant la perte énorme de
vapeur qui se produit d'ordinaire, et l'on peut juger par là
du degré auquel le surchauffage doit être porté pour obtenir
les avantages qu'on s'en promet. L'auteur de cette note
croit qu'une addition de 100° (55°) de chaleur à la température de la vapeur permet d'atteindre le but désiré, avec une
vapeur à 20 livres par pouce (1·36 atmosph.) au-dessus de
l'atmosphère, c'est-à-dire au niveau habituel des machines à
vapeur de la marine : la vapeur est ainsi chauffée de 260°

(127°) à une température de 360° (182°), et alors seulement est aussi chaude que la vapeur ordinaire à haute pression de 120 livres par pouce (8·1 atmosph.), telle qu'on l'emploie dans les machines locomotives.

Ce mode de surchauffer la vapeur avant son entrée dans le cylindre est le plus simple et le plus avantageux pour arriver au but qu'on se propose, et paraît aussi devoir être préféré à l'emploi d'une enveloppe cylindrique (*steam-jacket*). Car quand une même chaudière fournit à la fois la vapeur à l'enveloppe et au cylindre, la communication de la chaleur au métal s'effectue d'une manière plus lente qu'en se servant de vapeur surchauffée, par suite de ce fait que la différence de température est moindre ; et pour réussir complètement, il faut de toute nécessité que la vapeur de l'enveloppe soit surchauffée, et que les couvercles du cylindre soient également enveloppés, puisque dans les machines de la marine à faible jeu, où le diamètre a presque deux fois la longueur de la course du piston, la surface des deux couvercles ou extrémités est égale à celle des côtés. Mais même alors la communication de la chaleur par l'enveloppe est extérieure au cylindre, et la chaleur, ayant à traverser un métal épais, est retardée dans son action, tandis que, par l'introduction de vapeur surchauffée dans le cylindre, le but est atteint de la façon la plus directe, puisque l'on chauffe la surface avec laquelle la vapeur entre en contact, et qu'on empêche ainsi entièrement un refroidissement même momentané de la vapeur jusqu'à son point condensant. En surchauffant la vapeur avec la chaleur perdue de la boîte à fumée, qui ne saurait s'employer utilement d'aucune autre façon, tout ce résultat peut s'obtenir sans frais; mais avec l'enveloppe la chaleur employée doit être fournie par la chaudière. Un avantage non moins pratique découlant évidemment de l'emploi de la vapeur surchauffée, c'est qu'on évite ainsi toutes les jointures si nuisibles dans les enveloppes : le feutrage et le couchis du cylindre étant les mêmes que celui de l'enveloppe, il n'y a plus à craindre de perte de calorique par rayonnement de l'extérieur.

Les manières de surchauffer la vapeur sont d'ailleurs variées à l'infini, le principe général à observer étant d'employer la chaleur perdue alors qu'elle quitte la chaudière, de façon à opérer le surchauffage sans aucuns frais de combustible, — et de placer l'appareil à un endroit où il ne puisse se détériorer par suite d'une trop grande chaleur.

Dans les chaudières de la marine l'appareil surchauffant est généralement situé dans la boîte à fumée, et consiste en un faisceau de tubes placés de façon à obtenir dans un espace restreint la surface de chauffe dont il est besoin.

Dans un dessin qui accompagne son exposé, l'auteur montre la disposition de l'appareil qu'il recommande, et qui vient d'être mis à l'essai dans la construction du steamer "Valetta," appartenant à la Compagnie Péninsulaire et Orientale, d'une force nominale de 260 chevaux, faisant le trajet entre Malte et Alexandrie. Dans la boîte à fumée A A de chaque chaudière sont placés deux faisceaux, formant l'appareil surchauffant, consistant chacun en 44 tubes de fer forgé, de deux pouces de diamètre à l'intérieur, et de 6 pieds 3 pouces de long, placés en rangées verticales, avec des espaces libres existant horizontalement entre chacun d'eux, de façon à rendre facile le nettoyage de la chaudière ; dans une chaudière tubulaire, ces espaces sont laissés entre chaque rangée de tubes ; mais dans le cas décrit ici, la chaudière est construite avec les tuyaux verticaux de Mr. Lamb, au lieu de tubes. Les tubes surchauffants B B sont fixés dans les trois chambres planes C C C, qui sont faites de fer forgé, corroyé aux angles ; chacune d'elles est fermée avec une seule charnière à saillie. La vapeur se communique de la chaudière à la chambre du centre en passant à travers la soupape d'arrêt et le conduit D ; elle est éloignée des autres chambres par les soupapes d'arrêt E E, qui correspondent aux tuyaux de vapeur F F, conduisant aux machines. Ainsi, dans sa route vers les cylindres, la vapeur doit passer par les tuyaux surchauffants ; elle se surchauffe en s'assimilant une partie du calorique perdu, qui se dégage des tuyaux de la chaudière, avant d'arriver à la boîte à fumée G, conduisant à la cheminée. Les conduits de vapeur F F ont aussi leur voie ordinaire de communication directe avec la chaudière par les secondes soupapes d'arrêt H H, de sorte que la totalité ou la moitié de l'appareil surchauffant peut être aisément fermée, et que la communication peut être interrompue dès qu'on le désire.

Le bâtiment a fait deux voyages de Malte à Alexandrie et retour, parcourant ainsi une distance totale de 3,276 milles,

avec l'appareil surchauffant. Puis deux autres voyages ont
été faits sans l'appareil, mais sans aucune autre modification.
Il a été ainsi réalisé une économie de 20 pour cent dans le
combustible, bien que les hommes ne fussent pas habitués au
maniement de l'appareil; il y a donc toute raison de croire
que lorsqu'il aura fonctionné un peu plus longtemps, l'économie sera encore plus considérable. Le but principal qu'on
s'est proposé dans tous les détails de construction de
l'appareil a été d'obtenir un système simple et durable, qui
de longtemps n'eût pas besoin de réparations. Pour arriver
à ce résultat, les tubes surchauffants ont été établis d'après
les règles les plus strictes de la mécanique; on s'est surtout
attaché à empêcher que les efforts de la dilatation pussent occasionner quelque fuite. Les tubes en fer forgé ont une épaisseur
de $\frac{3}{16}$ de pouce (4·7 millim.); leurs extrémités sont épaisses
et corroyées; elles sont toutes exactement tournées sur un
calibre identique pour la longueur, et fermement assujetties
dans les trous de la plaque, dont la surface est également
bien aplanie et percée avec soin; les tubes sont tous ensemble
retenus à leur place par des écrous fixés dans les plaques, et
la manière seule dont ils sont ajustés les rend imperméables
à la vapeur; enfin les extrémités des tubes se déploient de
la façon indiquée dans le dessin, mis sous les yeux des assis-
tants. La surface surchauffante des chaudières, y compris les
boîtes en fer forgé, est de 374 pieds carrés (34·75 mètres carrés)
dans chacune des deux chaudières, donnant une proportion de
$2\frac{3}{4}$ pieds carrés (0·25 mètre carré) de surface surchauffante

par force nominale de cheval, les machines étant de la force nominale de 260 chevaux, et les chaudières ayant une surface de chauffe de 19 pieds carrés (1·76 mètre carré) par force nominale de cheval. D'après les essais de l'auteur, cette proportion paraît être suffisante pour surchauffer la vapeur au degré désirable. L'appareil n'avait éprouvé aucune fuite pendant tout le temps qu'il avait été employé, et n'avait cessé de fonctionner avec une régularité parfaite. Toutes les apparences sont en faveur de sa solidité et de sa durabilité.

Le calorique employé pour surchauffer la vapeur est entièrement emprunté à la chaleur perdue à sa sortie de la chaudière, — chaleur, qui autrement s'échapperait par la cheminée; et cette abstraction de chaleur enlevée à la boîte de fumée, jointe à cette sorte de paravent de tubes surchauffants, qui protègent la dite boîte, a ce résultat remarquable, entre autres, de tenir l'orifice donnant issue à la chaleur à une température beaucoup plus modérée avec l'appareil de surchauffe que sans lui. La température de la vapeur est constamment indiquée par un thermomètre, qui est fixé dans une petite coupe, se projetant à l'intérieur du conduit de vapeur en cuivre, et contenant un peu de mercure, au fond duquel le réservoir du thermomètre est immergé. Les fluctuations de ce thermomètre indiquent très-délicatement les variations de la température de la vapeur, et le mercure qui est dans le thermomètre est considérablement affecté par les changements qui surviennent dans le chauffage, tombant lorsque la porte du foyer est ouverte pour renouveler le feu de l'appareil.

Dans cette disposition, il n'est besoin d'aucun surcroît d'espace pour l'appareil surchauffant ; le tout est contenu dans la boîte à fumée ordinaire, sans qu'aucun changement soit introduit dans la chaudière, sans que sa construction soit en rien modifiée ; la seule adjonction extérieure consiste dans les soupapes d'arrêt, qui communiquent avec l'appareil. Il peut donc s'appliquer aisément aux chaudières ordinaires de la marine, sans aucun autre changement, je le répète, que l'adjonction des communications et des soupapes d'arrêt, sans rien modifier dans la distribution ordinaire des machines ou des chaudières ; et l'on réalise ainsi dans le combustible l'économie importante de 20 à 30 pour cent, sans que l'appareil de surchauffe soit pour cela un motif nouveau de retard ou de péril. Dans le cas où cesserait sa marche régulière, il suffirait de fermer l'un des jeux de soupapes d'arrêt et d'ouvrir l'autre.

En terminant, l'auteur ne peut s'empêcher de constater que des systèmes multiples ont été adoptés par différents ingénieurs pour le surchauffage de la vapeur, et que la plupart ont été couronnés de succès. Il faut citer entre autres les noms de Messrs. Wethered, Partridge, Pilgrim,* qui récemment ont fait beaucoup pour établir, par une application pratique, la valeur du système qu'ils recommandaient.

---

* A ces noms, nous ajouterons celui de M. Lafond, dont les travaux sont très-remarquables sous plus d'un rapport. [*Note de l'auteur.*]

Le Président fait remarquer que dans le cas du steamer dont parle le précédent exposé, on ne s'était déterminé à essayer de la vapeur surchauffée qu'après l'achèvement des chaudières, et comme le temps accordé pour la fixation de l'appareil était très-court, il avait dû chercher le moyen d'accomplir son œuvre sans toucher au travail préexistant, et s'était conséquemment arrêté au système exposé ci-dessus, comme au mode de construction le plus prompt et le plus simple. Les différentes parties de l'appareil ne faisaient que se répéter, les tubes surchauffants étant exactement semblables ; le but principal qu'on s'était proposé était d'assurer le steamer contre toute chance de retard ou de péril que pourrait lui faire courir l'appareil nouveau, et de disposer le tout de façon à pouvoir le séparer facilement du corps de la machine, et à permettre à celle-ci de fonctionner de la même manière après comme avant l'adjonction de l'appareil de surchauffe.

Il n'avait pas eu l'occasion de faire lui-même des expériences, et ne considérait pas l'essai actuel comme entièrement concluant dans ses résultats ; mais le steamer avait marché trois mois depuis que l'appareil lui avait été adapté ; pendant une partie de ce temps l'appareil avait cessé de fonctionner, afin que la comparaison fût possible entre les deux manières d'être, et une preuve assurément satisfaisante du succès obtenu, était celle-ci, que les ingénieurs avaient été heureux de remettre l'appareil en marche, et qu'on avait alors constaté une diminution de 20 pour cent dans le combustible.

Avant que le "*Valetta*" quittât l'Angleterre, il avait fait avec l'appareil une expérience approximative, en graduant l'ouverture du robinet d'injection du condenseur, et en observant le degré d'ouverture nécessaire au fonctionnement avec ou sans vapeur surchauffée ; il avait trouvé que dans ce dernier cas il était besoin d'un peu plus des deux-tiers de la quantité d'eau d'injection, ce qui montrait qu'une quantité beaucoup moindre de vapeur devait avoir passé à travers les cylindres dans le condenseur, avec une économie correspondante de combustible dans les chaudières.

On devait craindre qu'il ne se présentât tout d'abord une difficulté : celle de garder d'une manière constante les charnières exactement jointes dans tout l'appareil ; mais aucun obstacle de ce genre ne s'est manifesté, et depuis que l'appareil a fonctionné, il n'y a pas eu de fuite ; les tubes étaient tous fabriqués d'après les principes les plus rigoureux de la mécanique, et assujettis aux plaques de façon à être parfaitement imperméables à la vapeur ; ils étaient protégés contre toute dilatation, toute contraction, les chambres des extrémités ayant la faculté de se mouvoir avec les tubes, et le tout étant construit du même métal. Dans toute tentative de ce genre c'est un point des plus importants que d'avoir tout dabord un excellent travail, et si plusieurs des essais faits pour l'application de la vapeur surchauffée n'ont pas réussi, ils le doivent évidemment à l'imperfection des appareils au point de vue mécanique, et ont eu pour résultat de donner naissance à une série d'objections au surchauffage, qui ne s'appliquaient pas en réalité au principe lui-même, mais seulement à une mise en pratique défectueuse.

Mr. W.-S. WARD est d'avis que l'exposé dont lecture a été faite est des plus intéressants : il y a là non-seulement un principe important dans son essence, mais une constatation, une application non moins soigneuse que judicieuse du principe. La théorie démontre l'utilité de la vapeur surchauffée ; elle prouve la différence qu'il y a entre la force que l'on obtient ordinairement par la vapeur et sa force réelle et intrinsèque ; mais il est souvent difficile d'obtenir en pratique certains avantages démontrés par la théorie. Comme la quantité de chaleur latente absorbée dans l'acte de la vaporisation est une proportion importante de la totalité de la chaleur communiquée à l'eau, il a paru plus avantageux d'appliquer l'excédant de calorique à surchauffer et à dilater la vapeur qu'à faire évaporer une plus grande quantité d'eau, le rapport entre la chaleur latente et la chaleur sensible étant presque de 4 à 1. Et dans le cas de la détente de la vapeur dans un cylindre, un abaissement de la température se produit par ce fait que la chaleur sensible dans la vapeur est absorbée comme chaleur latente : mais si la vapeur est dans le principe légèrement surchauffée, l'excédant de chaleur permettra à la détente de se faire sans refroidir la vapeur au-dessous de sa température naturelle, à la pression primitive. Il espère que cette question importante de la vapeur surchauffée sera étudiée plus à fond encore, et que toutes les circonstances, toutes les lois de son action seront recherchées avec le plus grand soin.

Mr. H.-W. HARMAN demande si l'occasion s'est présentée de s'assurer du degré d'accroissement du volume de vapeur ainsi surchauffée, s'il y a quelque différence dans la pression, et si le surchauffage de la vapeur n'a aucune réaction sur la vapeur contenue dans la chaudière.

LE PRÉSIDENT répond que la pression se maintient la même, comme si dans l'un et l'autre cas elle était réglée par le poids non modifié qui pèse sur les soupapes de sûreté ; l'effet du surchauffage n'est donc que d'augmenter le volume de la vapeur par l'accroissement de tension due à la sur-élévation de la température, de sorte qu'une plus grande quantité de vapeur à la même pression serait fournie aux machines par la vaporisation de la même quantité d'eau dans les chaudières.

Mr. J.-F. SPENCER remarque qu'une grande différence existe quelquefois dans les diverses parties de la même chaudière quand elle est surchauffée ; il se rappelle avoir constaté, dans les chaudières d'un grand steamer qui avait de hauts dômes de vapeur, par lesquels passaient les produits de la combustion, que la température de la vapeur en haut du dôme était de 340° (171·6°) et seulement de 260° (128°) dans la chaudière, précisément à la partie inférieure du dôme.

Mr. E.-A. Cowper fait observer que la pression ne varie pas avec la température ; quel que soit le surchauffage qui se produise, il ne peut avoir d'autre effet que d'augmenter le volume de la vapeur et sa température ; mais il serait impossible qu'une différence quelconque de pression existât dans l'appareil surchauffant, excepté peut-être une légère diminution qui résulterait de la résistance des petits tubes au passage de la vapeur. Le premier effet du surchauffage doit être la vaporisation de toute l'eau tenue vésiculairement en suspension dans la vapeur, celle-ci entraînant toujours, en quittant la chaudière, un poids plus ou moins considérable d'eau, ce qui provient du mélange des molécules d'eau avec elle, même quand il n'y a pas de jet sensible : elle devient alors parfaitement sèche, mais tout d'abord ne s'élève pas en température ; c'est seulement quand le surchauffage a dépassé ce point, que la température de la vapeur est élevée par toute la chaleur qui y est ajoutée, et que son volume s'accroît proportionnellement, donnant lieu à une augmentation dans la quantité totale de vapeur fournie à la même pression et provenant de la même vaporisation d'eau. L'élévation de la température dilate la vapeur à peu près au même degré que l'air et les autres gaz : ainsi l'air à 32° (0·6°) voit son volume doublé par un accroissement de température à 480° (249·6°), et la vapeur à 20 livres par pouce (1·36 atm.), ou 260° (126°), double de volume par une augmentation de température de 708° (480° + 260° − 32° = 708°), — 375° (249° + 126° + 0 = 375°) ; une augmentation de 100° de 260° à 360° (38° de 126° à 164°)

augmenterait conséquemment son volume de 1-7ᵉᵐᵉ, produisant une économie égale dans le combustible quand le surchauffage est effectué à l'aide de la chaleur perdue de la boîte à fumée. La chaleur spécifique de la vapeur étant seulement d'environ les trois-quarts de celle de l'air, la vapeur aurait donc besoin des trois-quarts seulement de la même quantité de chaleur pour produire une élévation égale de température ; c'est en partie la raison pour laquelle la vapeur est maintenant substituée à l'air dans les machines caloriques, puisque, avec beaucoup moins de chaleur, le même effet de détente se produit.

Il n'y a pas de doute que dans les cylindres sans enveloppes la condensation d'une partie de la vapeur ne s'effectue au commencement de la révolution, et une révaporisation partielle à la fin, le métal du cylindre étant plus froid que la vapeur nouvelle à haute pression qui sort de la chaudière, mais plus chaud que la vapeur dilatée dans le cylindre à la fin de la révolution ; et puisque la totalité du métal du cylindre ne peut changer de température deux fois à chaque révolution (bien que ce fait se produise pour la surface intérieure), la température du cylindre et du piston doit donc être la moyenne de celle de la vapeur qui entre en contact avec eux. L'orateur a fait personnellement une expérience qui lui a été suggérée par M. Appold : il a mis un tube en verre en communication avec l'intérieur du cylindre, l'extrémité extérieure du tube étant fermée ; au commencement de la révolution l'humidité a entièrement terni l'intérieur du verre, par suite de la condensation se produisant dans le cylindre; mais à la fin l'humidité s'est vaporisée et le verre est redevenu net, montrant ainsi que la vapeur contenue dans le cylindre était parfaitement sèche. Le cylindre est en fait un condenseur partiel au commencement de la révolution, un générateur à la fin; et n'était cette ébullition de l'eau condensée à la fin de la révolution, le cylindre approcherait bientôt de la température de la vapeur.

Dans une machine à expansion sans enveloppe, il avait trouvé, en comparant les chiffres réels avec ceux qu'on devrait théoriquement obtenir si la condensation ne se produisait pas dans le cylindre, que la perte de force quand la vapeur est frappée

à $\frac{2}{7}$ de révolution, monte à 11·7 pour cent
à $\frac{1}{5}$,,   ,,   à 19·6   ,,
à $\frac{1}{9}$,,   ,,   à 27·2   ,,
à $\frac{1}{11}$,,   ,,   à 44·5   ,,

Mais quand le cylindre a une enveloppe recevant la vapeur directement de la chaudière, il trouve que les chiffres réels correspondent exactement aux chiffres théoriques, si ce n'est qu'ils s'élèvent légèrement à la fin de la révolution, soit d'environ une demi-livre (0·034 atm.) en pression au-dessus du point fixé par la théorie, par suite de ce fait que la température plus élevée de l'intérieur du cylindre a surchauffé la vapeur dilatée. La vapeur de l'enveloppe étant sous la même pression que celle de la chaudière, il ne pense pas qu'il peut y avoir condensation dans le cylindre; car il suffit pour l'empêcher de maintenir le métal du cylindre à la température de la vapeur à son entrée, en lui communiquant une chaleur égale à celle que lui enlève le refroidissement de la vapeur pendant la dilatation, et à celle perdue par le rayonnement qui est toujours très-petit dans un cylindre bien construit: il faut que les extrémités des cylindres aient des enveloppes, et que le piston ait des surfaces ou plaques non-conductrices.

L'auteur est heureux que cette importante question de la vapeur surchauffée ait été si bien développée dans l'intéressant exposé lu par le président; il ne doute pas que l'on n'arrive à réaliser une économie plus grande encore que celle de 20 pour cent.

Mr. R. MORRISON fait remarquer que les soupapes d'arrêt dans les tuyaux de vapeur des appareils surchauffants donnent le moyen de mélanger la vapeur surchauffée à la vapeur ordinaire, et il demande si ce mélange a été essayé; il pose cette autre question: si les chaudières n'avaient déjà été faites avant qu'on songeât à leur adapter un appareil surchauffant, n'auraient-elles pu être construites dans des proportions plus petites, puisque l'appareil surchauffant ajoute en réalité à la surface de chaleur $2\frac{3}{4}$ pieds carrés (0·255 m.c.) par force nominale de cheval, augmentant ainsi par force de cheval la proportion originaire des chaudières de 19 à $21\frac{1}{4}$ pieds carrés (1·765 à 2·2 m.c.).

Le Président réplique que l'appareil surchauffant doit certainement être regardé comme une portion de la surface de chauffe, et qu'en conséquence les chaudières peuvent être légèrement réduites,* sans parler de la réduction due à l'économie effectuée dans la quantité d'eau à vaporiser. En ce qui regarde la question de mélange, il n'a fait aucune expérience, et ne voit pas, à considérer le résultat final, en quoi il importe comment la vapeur soit chauffée, pourvu que la température de la totalité de la vapeur qui pénètre dans le cylindre soit élevée aux 100° (38·6°) nécessaires pour empêcher aucune de ses parties de se refroidir au-dessus de sa température naturelle, tandis qu'elle passe à travers le cylindre; il lui paraît que le meilleur moyen d'atteindre ce but, c'est de chauffer la totalité de la vapeur pendant son passage dans le cylindre.

Mr. R. Morrison demande si l'on a fait l'essai d'une température plus élevée, et si l'on croit qu'il puisse en découler quelque nouvel avantage; il demande en outre si,

---

* Cette observation de Mr. Penn est des plus importantes, et nous sommes heureux de trouver dans la bouche d'un homme dont le langage fait autorité non-seulement dans la science, mais dans la pratique, cette assertion que le surchauffeur fait partie de la surface de chauffe de la chaudière, de sorte que par son emploi on peut diminuer la capacité de la chaudière pour produire le même effet utile, ou produire un plus grand effet par son addition. Or, partout où le substituant du condenseur à surface sera employé, le surchauffeur, à raison de la surface de chauffe qu'il offre, diminuera d'autant la capacité de la chaudière qu'il doit alimenter. [*Note de l'auteur.*]

d'après l'expérience faite sur le fonctionnement du présent appareil, un plus petit calibre de tubes de chauffe serait regardé comme préférable ; enfin si dans le nettoyage des tubes de la chaudière il se présentait quelque difficulté provenant de la place donnée à l'appareil de surchauffe.

Le Président répond qu'il n'a encore fait l'essai que d'une température de 360° à 370° (182° à 188°),* mais que, d'après les résultats obtenus, son opinion est en faveur de cette température avec une pression de 20 livres par pouce (1·36 atm.), suivant ce qui se pratique dans les machines de la marine ; il croit qu'on arrive ainsi à réaliser toute l'économie possible et désirable, et qu'on évite de courir aucun des dangers d'un frottement trop prononcé dans les cylindres et les pistons, frottement auquel ils seraient infailliblement exposés avec des températures plus élevées. Le calibre des tubes lui paraît satisfaisant, et comme il faut nécessairement conserver la superficie totale du passage de la vapeur, des tubes plus petits entraîneraient la présence d'un plus grand nombre, et demanderaient ainsi une main-d'œuvre plus coûteuse, sans peut-être procurer des avantages plus considérables. S'il s'agit de chaudières tubulaires, les tubes de surchauffe doivent se régler, quant à leur calibre et leur disposition, sur les tubes de la chaudière,

---

* Dans le substituant du condenseur à surface on pourrait sans danger doubler cette température, attendu que la vapeur surchauffée, au lieu d'agir sur les organes de la machine qu'elle détruit, est employée dans son milieu comme agent calorifique. [*Note de l'auteur.*]

puisqu'ils doivent être placés dans les rangées intermédiaires correspondantes, de façon à permettre de nettoyer les tubes de la chaudière, nettoyage qui peut aisément se faire à travers les espaces intermédiaires.

Mr. D. Joy demande quelle différence signale le diagramme indicateur dans la courbe d'expansion, quand on emploie la vapeur surchauffée.

Le Président répond que le diagramme indicateur est plus élevé, la courbe d'expansion ne déclinant pas aussi rapidement au début que quand la vapeur n'est pas surchauffée.

Mr. R.-B. Longridge demande s'il se manifeste aucune différence matérielle dans la température du conduit " uptake."

Le Président n'a pas éprouvé la différence actuelle de température, mais il y a un changement marqué dans la température de la bouche de chaleur, qui se maintient beaucoup plus froide que précédemment.

Mr. R. Morrison demande si l'on a remarqué quelque différence dans l'usure des machines avec l'emploi de la vapeur surchauffée.

Le President répond qu'aucune différence n'a été constatée ; que les résultats acquis proviennent seulement d'une expérience de trois mois, mais qu'il n'y a pas probabilité qu'à cet égard il s'en manifeste aucune avec une température aussi modérée que celle adoptée.

MR. D. ADAMSON dit qu'il a fait usage d'une machine de 150 livres (10 atm.) par pouce avec une température d'environ 370° (188·6°), et qu'il a constaté que, malgré l'élévation de la température, il ne s'était produit ni fuite dans le cylindre, ni aucune autre avarie pendant un espace de quatre années, durant lesquelles le piston n'avait pas été examiné plus de quatre fois ; ce piston fonctionnait avec une vitesse de 280 pieds (85m.) à la minute, et s'est maintenu constamment doux avec une marche toujours régulière. Mr. Adamson recommande l'usage de la vapeur à haute pression, communiquant directement avec un cylindre à haute pression : après une expansion modérée, il faut l'aspirer dans un cylindre condensant à basse pression, puis chauffer la vapeur à basse pression jusqu'à la température de la vapeur à haute pression, soit 370° (188·6°), dans le passage entre les cylindres et dans le second cylindre ; on obtient ainsi tous les avantages de l'accroissement de volume dû au surchauffage de la vapeur dilatée, et de la non-condensation entre les cylindres ; et la température élevée n'est pas plus un obstacle au fonctionnement du piston dans le second cylindre que dans le premier.

Mr. G. A. EVERITT dit qu'il a expérimenté la vapeur surchauffée dans un couple de machines d'une force de 60 chevaux, fonctionnant dans ses ateliers à Birmingham, et cela d'après le conseil de Mr. Cowper. Cette expérience a été des plus satisfaisantes, et lui a permis de réaliser une économie de combustible par le surchauffage, bien que l'essai n'ait été fait que sur une échelle restreinte, et seulement sur une des machines, machine à condensation fonctionnant par la vapeur aspirée à l'autre machine; cette vapeur passait dans un récipient intermédiaire, ayant une enveloppe chauffée par la vapeur à haute pression provenant de la chaudière, de façon à surchauffer la vapeur fournie à la machine à condensation.

Mr. R. Morrison dit qu'il a fait l'essai d'une vapeur de 60 livres (4 atm.) surchauffée à une température de 400° (204·6°), dans une machine de marine à condensation de la force nominale de 100 chevaux; le cylindre avait comme enveloppe un espace de 3 pouces (0m·076) de circonférence alimenté par la vapeur ordinaire de la chaudière, cette enveloppe ayant une épaisseur de 2½ pouces (0m·063) de feutre et de bois. Les diagrammes indicateurs étaient excellents et presque identiques à la courbe d'expansion; mais il pense que le surchauffage a dû y être trop poussé, car le piston commençait à s'altérer et l'huile se volatilisait rapidement dans le cylindre.

Mr. C.-A. Cowper pense que l'usage de l'huile ne convient pas à une vapeur fortement surchauffée, parce qu'elle brûle très-rapidement à cette température élevée: 360°

(182·6°) constitue certainement une température sans danger, et il croit que l'on peut même aller jusqu'à 400° (204·6°), à condition de ne pas employer d'huile. Il sait un cas où une vapeur de 100 livres (7 atm.) a été employée dans une machine à double cylindre, et cette haute température de 100 livres (7 atm.), environ 340° (171°), a été constamment maintenue dans les enveloppes : dans ce cas, il est vrai, le piston s'est légèrement altéré ; mais on faisait usage d'huile pour la lubrification. Pour y obvier, il avait suggéré l'idée de maintenir les cylindres à environ 100° (55·6°) au-dessous de la vapeur, afin d'occasionner sur leur surface une légère condensation qui, en l'humidifiant, l'empêchât de s'user par le frottement du piston. L'expérience lui a prouvé que même avec une vapeur très-chaude la surface peut être maintenue humide, si sa température est de cent degrés inférieure à celle de la vapeur.

Les machines dont a parlé Mr. Everitt, étaient de la force de 60 chevaux, fonctionnant à angles de 90° ; l'une, machine à haute pression, travaillant avec 35 livres (2·4 atm.) de vapeur ; l'autre, machine à condensation, mue par la vapeur aspirée à la première. Comme il était difficile de changer la disposition des machines, il avait placé entre elles deux un large récipient plus qu'égal à la capacité du second cylindre, afin de réduire la pression d'arrière dans le premier cylindre pendant la partie de la révolution où le second cylindre n'est pas ouvert pour recevoir la vapeur aspirée ; la pression de la vapeur dans ce dernier est aussi réglée par une soupape de sûreté adaptée au récipient. Ce récipient est renfermé dans une enveloppe chauffée directement par la chaudière à une température d'environ 282° (139·6°), et la température moyenne de la vapeur dans le récipient est de 231° (111°), de sorte que la vapeur fournie à la machine à condensation est jusqu'à un certain point surchauffée.

Mr. A. Fryer pense que les résultats qu'on attend du surchauffage seront complètement atteints en le portant simplement au degré nécessaire pour qu'aucune condensation ne se produise dans le cylindre, et pour qu'à la fin de la révolution la vapeur soit à son état naturel ; car bien qu'on puisse obtenir quelque avantage en poussant plus loin, de façon à ce que la vapeur surchauffée agisse pendant toute la durée de la révolution, et qu'on obtienne ainsi la quantité additionnelle de vapeur produite par son accroissement de volume, résultant de l'accroissement de la température, cependant, selon l'orateur, le combustible usé à cet effet aurait des résultats plus efficaces, s'il était appliqué à la chaudière, pour concourir à la formation d'une quantité de vapeur plus grande.

Mr. H. Maudslay considère cette question comme étant d'une grande importance pratique ; il est très-heureux qu'elle ait été si habilement développée par le Président ; il ne doute pas qu'une économie importante de combustible ne résulte d'une application judicieuse du principe. Il a entendu parler

d'une expérience faite récemment sur un des steamers de la
Compagnie des Paquebots-malles des Indes orientales, expérience suggérée par l'ingénieur de la Compagnie, feu
Mr. George Mills; un tiers de la vapeur a été surchauffé à environ 30° (16°), puis mélangé au restant de la vapeur humide
dans le cylindre; les résultats en ont été satisfaisants, moins
sensibles cependant que ceux décrits dans l'exposé précédemment lu, où la totalité de la vapeur est représentée comme
surchauffée. Il est très-heureux d'apprendre que des résultats
aussi excellents ont été obtenus par le surchauffage complet
de la vapeur d'après un procédé aussi simple. L'insuccès des
tentatives précédentes, où une partie de la vapeur seulement
était chauffée, vient de l'exiguïté de la surface de passage,
consistant quelquefois en un seul petit tube communiquant
avec la chambre à vapeur, de sorte qu'une faible portion
seulement de la vapeur peut passer à travers l'appareil de
surchauffe, et qu'aucun résultat sensible ne peut en être
obtenu; d'autres causes d'insuccès se sont encore rencontrées
dans de mauvaises dispositions mécaniques: de là des fuites
se produisant dans les tuyaux, conduites et charnières, le feu
s'y communiquant, etc., toutes choses qui devaient nécessairement faire douter de la possibilité d'appliquer le principe.
Cette fois du moins, il en a la confiance, le succès obtenu
attirera l'attention générale sur la question, et donnera naissance à des expériences complètes pour rechercher le meilleur
mode d'application du principe et le degré auquel on peut
avantageusement le pousser.

MR. J.-F. SPENCER pense que l'exposé lu sur l'application de la vapeur surchauffée a une grande et importante valeur, si surtout l'on considère le point de vue pratique auquel la question a été traitée, et les excellentes dispositions prises pour les essais : on a en effet évité tout risque de pousser trop avant l'application ; on s'est renfermé tout d'abord dans les limites du but qu'on s'était proposé d'atteindre : empêcher aucune perte de se produire par suite de la condensation dans le cylindre ; former une vapeur uniformément parfaite pendant toute la durée de la révolution. Le sujet, il le répète, est de grande importance, et il espère qu'on le reprendra à une réunion prochaine, avec la discussion des résultats subséquents, obtenus par de nouveaux et plus larges essais.

Sur la proposition de Mr. H. Maudslay, assisté par Mr. E. A. Cowper, des remercîments sont votés au Président.

DES APPAREILS PERFECTIONNÉS

DESTINÉS

A VAPORISER L'EAU.

DES APPAREILS PERFECTIONNÉS

DESTINÉS

A VAPORISER L'EAU.

—————•—————

> " Le meilleur appareil évaporatoire n'existe
> " pas encore."—DONA CHRISTAVE.

IL résulte des expériences faites en service courant par M. Charvès, au chemin de fer du Nord, que le chiffre de vaporisation par différents genres de générateurs a varié de la manière suivante, en faisant abstraction, bien entendu, de la qualité du combustible :

Par chaque kilogramme de houille brûlée : —

Chaudières non-tubulaires . . . 4k.98
Chaudières tubulaires 6k.70
Rapport 1k.35

De la comparaison de ces chiffres ressort en faveur des chaudières tubulaires une différence sensible qui s'exprime par le rapport de 1·35 à 1·00. C'est ce qui explique la préférence marquée que donnent à ce système plusieurs constructeurs d'Angleterre et de France, parmi lesquels on peut citer Mr. Wilson à Glasgow, et MM. Cail et Cie à Paris. Mais pour éviter la destruction rapide de ce genre de générateurs, il faut de toute nécessité les alimenter avec de l'eau distillée, ou au moins purifiée : ce qui occasionne des dépenses qui atténuent de beaucoup les avantages qu'ils offrent. De plus, la vapeur générée contient un poids relativement considérable d'eau, chauffée à la température de l'ébullition de l'eau dans la chaudière, qui entraîne ainsi en pure perte une grande partie des calories développées par la combustion dans les foyers, d'où il résulte une dépense notable de combustible. On se fait, il est vrai, cette illusion de produire 10 kilogrammes de vapeur par chaque kilogramme de combustible : mais on perd de vue que le poids de cette vapeur, si l'on en défalquait celui de l'eau entraînée, ne s'élèverait plus qu'à 5 à 6 kilos. En un mot, on ne peut dans ces générateurs éviter l'entraînement de l'eau ou le *crachement de l'eau,* pour nous servir de l'expression consacrée dans la pratique, expression que les Anglais rendent par un seul mot : *priming*.

Ces inconvénients tendent à faire rejeter de plus en plus l'emploi des chaudières tubulaires verticales, même alimentées à l'eau distillée, du moins dans les conditions actuelles, et quoiqu'il soit incontestable que, par leur usage, le chiffre de vaporisation par kilogramme de combustible est considérable. Il a donc fallu chercher une disposition nouvelle, qui leur assurât une durabilité au moins égale à celle des chaudières non-tubulaires,—empêchât les incrustations et les entraînements d'eau, en fournissant de la vapeur aussi sèche, si non plus, que celle produite par ces dernières,—développât dans leurs foyers, par deux combustions successives, la plus grande température possible, — et utilisât enfin, par une meilleure méthode de chauffage, le maximum du pouvoir calorifique des combustibles.

Tous ces avantages sont réalisés par l'emploi :

1° Du substituant du condenseur à surface, tel que nous l'avons décrit dans la première partie de cet ouvrage, et qui évite radicalement les incrustations ;

2° De l'appareil que représente le dessin d'autre part et dont voici la description :

A A. Foyers.

B B. Tubes en cuivre ou en fer, servant de passage aux produits qui s'élèvent des foyers A A et se rendent dans la chambre d'élaboration C C.

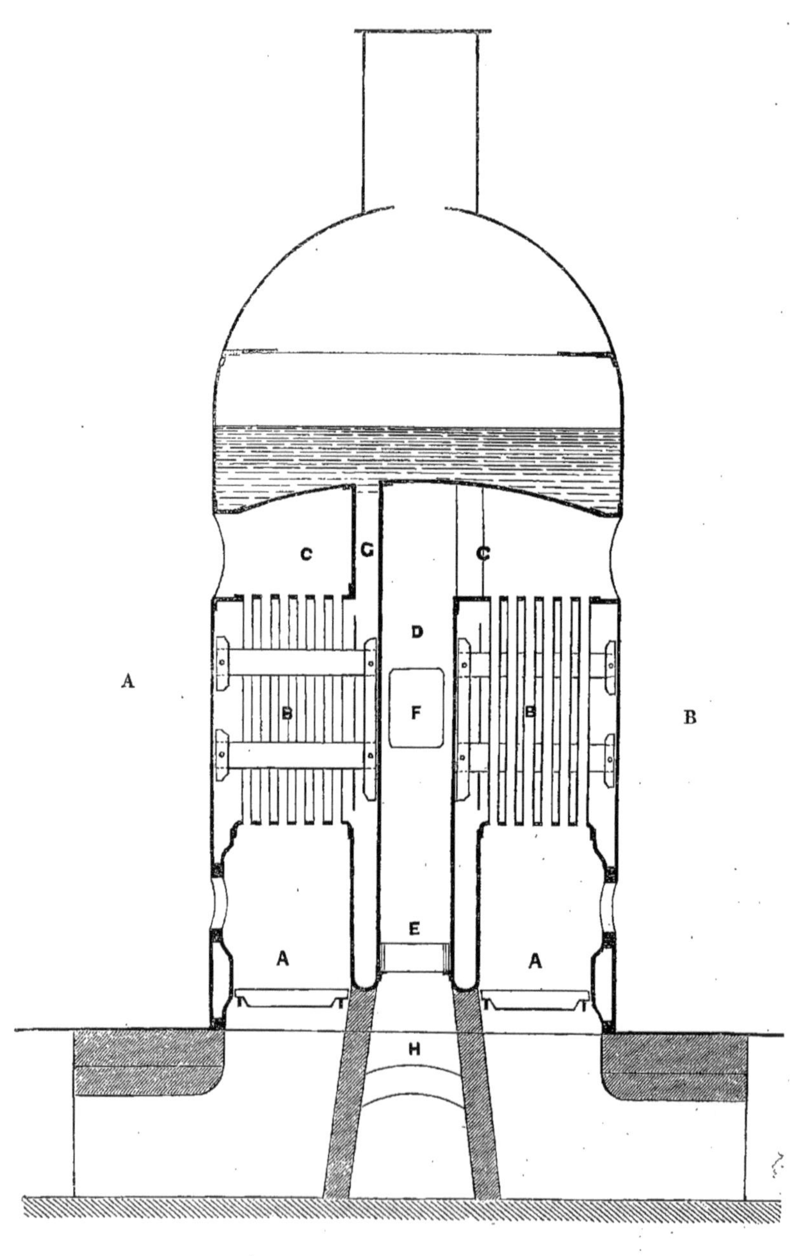

A
B
C
G
C
D
F
B
B
A
A
E
H

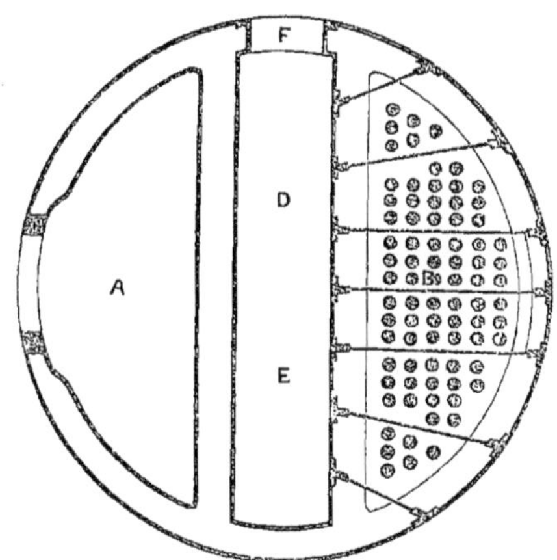

C C. Chambre d'élaboration, dans laquelle on introduit une quantité de vapeur, surchauffée ou non, destinée à se mêler aux produits arrivant des foyers A A.

G. Capacité ouverte à la vapeur qui se produit dans cette région du générateur, et en facilitant le dégagement.

I I. Trous d'hommes.

J J. Corniche circulaire obligeant la vapeur à s'infléchir avant de pénétrer dans le réservoir, qui a la capacité nécessaire pour suffire au travail constant et régulier de la machine. L'eau entraînée retombe ainsi dans la chaudière, et la vapeur, beaucoup plus sèche, agit plus efficacement dans le cylindre.

D D. Carneaux par lesquels descendent les produits de la chambre d'élaboration C C, pour se diriger à l'orifice de sortie H, en traversant le combustible placé sur la plate-forme perforée E.

E. Plate-forme perforée en pièces réfractaires, sur laquelle on entretient la combustion des escarbilles recueillies au-dessous des grilles A A.

F. Porte servant à alimenter de combustible la plate-forme perforée E.

H. Orifice de sortie des produits venant de la plate-forme perforée E, allant vers une cheminée, ou bien se dépouillant du calorique qu'ils contiennent par contact avec une surface quelconque à chauffer.

Pour faire apprécier tous les avantages qui résultent de ce nouvel arrangement, il reste à fournir la preuve que l'on obtient ainsi environ 9 kilogrammes de vapeur, et que, de plus, les produits qui s'échappent par l'orifice H, sont, en outre de leur température élevée, dans des conditions qui permettent de les utiliser au chauffage d'une chaudière supplémentaire, de manière à réaliser une économie considérable, indépendante de celle qu'offre le générateur de vapeur.

Soit :—

$D=$ quantité de vapeur produite par 1 kilogramme de combustible.

$a=$ quantité d'air en kilogrammes qui doit être admise pour la combustion de 1 kilogramme de combustible.

$c=$ chaleur spécifique de l'air introduit.

$k_1=$ coefficient de la conductibilité* de la chaleur dans la boîte à feu.

$k_2=$ le même dans les tubes.

$F_1=$ surface de chaleur dans la boîte à feu.

$F_2=$ surface de chaleur dans les tubes.

$t_1=$ température de l'air dans la boîte à feu.

$t_0=$,,   de la vapeur dans la chaudière.

$c_0=$,,   de l'eau d'alimentation.

$$D = \frac{ac \left(\dfrac{k_1 F_1}{Bac}+1-e^{-\frac{k_2 F}{Bac}}\right)(t_1-t_0)}{(606{\cdot}5 + 0{\cdot}305\, t_0 - c_0)} \qquad \text{(Zeuner.)}$$

* Nous entendons par "conductibilité" le nombre de calories que renferment les gaz, et qui sont absorbées par la surface de chauffe de la chaudière, par 1 mètre carré et par seconde.

La tension de la vapeur est 6 atmosphères ;

donc la température t_0 . . . . $= 160°$ C.

La température de l'eau d'alimentation c_0 . . $= 15°$ C.

La surface est, dans la chaudière en question :—

$$a,\ F_1 = 15{\cdot}16 \text{ mètres carrés.}$$
$$b,\ F_2 = 28{\cdot}27 \text{ mètres carrés.}$$

La quantité de combustible qui doit être brûlée sur la grille par heure est de 150 kilogrammes.

Ainsi B = cette quantité par seconde $\dfrac{150}{3600} = 0^k.04$

a est pour la houille $23{\cdot}53$

$c = 0{\cdot}2377$

$$\left.\begin{array}{l} k^2 = \frac{1}{119} \\ k_1 = \frac{1}{73} \end{array}\right\} \text{ calories (Zeuner)}$$

$$D =$$

$$\frac{23{\cdot}53 \cdot 0{\cdot}2377 \left(\dfrac{\frac{1}{73} \cdot 15{\cdot}16}{0{\cdot}04 \cdot 23{\cdot}53 \cdot 0{\cdot}2377} + 1 - c^{-\frac{\frac{1}{119} \cdot 28{\cdot}27}{0{\cdot}04 \cdot 23{\cdot}53 \cdot 0{\cdot}2377}} \right)}{606{\cdot}5 + 0{\cdot}305 \cdot 160 - 15}$$

$$\times\ (800 - 160)$$

D'où il suit :—

$$D = 8{\cdot}919 \text{ kilogrammes.}$$

De sorte que l'appareil, en tant que générateur, est en état de produire, par chaque kilogramme de houille, dans les circonstances ordinaires, et seulement au moyen des grilles latérales AA, 9 kilogrammes environ de vapeur aussi sèche que celle que produisent les chaudières non-tubulaires, pourvues d'un sécheur.

De plus, rappelons que, dans toute combustion, rapide ou lente, il se produit inévitablement une certaine quantité d'oxyde de carbone et d'autres gaz combustibles, qui s'écoulent par la cheminée, sans avoir pu se transformer en acide carbonique, transformation qui est, comme on sait, l'indice d'une combustion parfaite. Or, la disposition des foyers AA de la plate-forme E, fonctionnant à flamme renversée, avec l'adjonction de la chambre d'élaboration CC, permet de brûler la totalité du carbone de la houille, et même l'hydrogène, qui font, l'un et l'autre, toute la valeur de ce combustible minéral, au moyen de deux combustions successives, ayant la plus grande analogie avec celles qu'on effectue dans le calorimètre le plus parfait, et dont les résultats sont identiques.

Pour donner une idée de la perte résultant de la non-combustion de ces gaz qui s'échappent par la cheminée dans l'atmosphère, emportant leur chaleur sensible, nous n'aurions qu'à publier ici les résultats de nos expériences, que nous terminons en ce moment, et qui paraîtront dans notre ouvrage sur *le Carbone de la Houille et ses deux Combustions successives*. Mais quoique nous ayons trouvé des quantités supérieures à celles indiquées jusqu'ici, il nous paraît préférable de prendre les analyses de M. Debette sur les gaz de fourneaux chauffés à la houille, analyses qui ont servi de base à un rapport de M. Combes sur la combustion de la fumée, publié dans les Annales des Mines (4ᵉ série, xi, 149), et qu'a complétées M. Bède, l'éminent

physicien, en faisant ressortir, par ses calculs et ses déduc-
tions ingénieuses, la preuve, qu'au lieu d'être insignifiante et
négligeable, — ainsi qu'elle le paraissait aux plus habiles
expérimentateurs,—la perte est au contraire très-importante.
M. Bède nous excusera de lui emprunter ce travail ; il com-
prendra combien nous sommes heureux d'appuyer nos assertions sur l'autorité de sa science :

" Si l'on prend la moyenne des sept analyses faites par
" M. Debette sur les gaz d'un fourneau chauffé à la houille, on
" trouve les quantités relatives suivantes d'acide carbonique,
" d'oxyde de carbone et d'hydrogène :

> " Acide carbonique . . . . 9·70
> " Oxyde de carbone . , . 0·74
> " Hydrogène . . . . . . 0·61

" Nous n'avons pas à nous préoccuper maintenant de
" l'oxygène et de l'azote mélangés à ces gaz.

" D'après ces chiffres, et connaissant les poids de 1 mètre
" cube de ces différents gaz, nous pouvons dire, que sur
" 11m.c.05 de gaz produits dans un fourneau, il y a

> " 9m.c.70 d'acide carbonique, pesant 19k.30
> " 0.m.c74 d'oxyde de carbone „ 0k.93
> " 0m.c.61 d'hydrogène . . „ 0k.05

" Cela posé, on sait que 1 kilogramme d'acide carbonique
" renferme environ $\frac{2}{7}$ kilogramme de carbone, et 1 kilog.
" d'oxyde de carbone environ $\frac{4}{9}$.

" Donc 19k.30 d'acide carbonique renferment 5k.5 de

" carbone, qui, en passant à l'état d'acide carbonique, ont
" produit $5\cdot5 \times 7170$, ou 39,435 calories.

" 0k.93 d'oxyde de carbone renferment 0k.41 de carbone,
" qui ont produit, en ne se transformant qu'en oxyde de
" carbone, $0\cdot41 \times 1386$, ou 568 calories, tandis qu'en passant
" à l'état d'acide carbonique, cette même quantité de carbone
" eût donné $0\cdot41 \times 7170$ ou 2,940 calories.

" Ainsi donc on a obtenu :

" $39435 + 568$, ou 40,003 calories, tandis que si les gaz
" combustibles échappés à la combustion avaient été brûlés,
" on aurait eu $39435 + 2940 + 1737$ ou 44,112 calories.
" La perte de chaleur est de 10 pour cent, relativement à la
" chaleur obtenue, ce qui ne me paraît nullement négligeable.

" Si maintenant, au lieu de prendre la moyenne des ana-
" lyses de M. Debette, nous considérons la première de ces
" analyses, nous y trouverons $8\cdot49$ d'acide carbonique, $2\cdot70$
" d'oxyde de carbone et pas d'hydrogène.

" En reprenant le calcul précédent avec ces nouvelles
" données, on trouve 24 pour cent de perte, ce qui, loin
" d'être négligeable, est très-considérable.

" Enfin, la dernière analyse de M. Debette présente $7\cdot73$
" d'acide carbonique, $0\cdot01$ d'oxyde de carbone et $1\cdot63$
" d'hydrogène. La perte de chaleur résultant de la non-
" combustion de cette quantité d'hydrogène est de 16
" pour cent.

" Nous ferons observer actuellement que, d'après

" M. Combes, les fourneaux dont M. Debette a analysé les
" gaz ne laissaient rien à désirer dans leur marche et pro-
" duisaient peu de fumée. C'est donc dans de bonnes con-
" ditions que nos fourneaux ne donnent en moyenne que
" 10 pour cent de perte par une incomplète combustion, et,
" même dans ces bonnes conditions, des circonstances acci-
" dentelles ou une mauvaise conduite du feu peuvent élever
" cette perte à 24 pour cent. Que sera-ce donc dans un
" fourneau mal fait ? "

La perte sera encore plus sensible, si on se reporte aux
diverses expériences faites tant en France qu'en Angleterre,
et que nous allons résumer comme suit :

Selon MM. Ebelmen et Sauvage, il résulte de leurs expériences faites sur des locomotives du chemin de fer de Lyon,
fonctionnant au coke, que dans certains cas la quantité
d'oxyde de carbone s'est élevée à 7·58 pour cent, avec une
charge sur les grilles de 1m.09 de coke : ce qui représente
une perte d'environ 50 pour cent.

De son côté, M. Foucou a fait connaître la composition
des gaz qu'il a recueillis dans un foyer de locomotive à différentes vitesses ; les analyses ont été faites par M. De Luca,
du Collége de France. Nous reproduisons les deux tableaux
suivants, d'où il résulte que, dans les circonstances les plus
favorables, sans le serrement de l'échappement de vapeur,
qui augmente considérablement la dépense, la perte était de
plus de 16 pour cent, et que, dans les plus défavorables, elle
s'est élevée jusqu'à 51 pour cent (soit une moyenne de 28·3
pour cent).

ANALYSE DES GAZ RECUEILLIS PENDANT LA COMBUSTION.

GAZ.	REPOS.	10 kil.	10 kil.*	18 kil.	20 kil.	25 kil.	25 kil.*	35 kil.	40 kil.	40 kil.	45 kil.*
Acide carbonique - -	11·25	13·65	12·75	14·20	14·25	14·70	12·25	15 15	17·05	17·	16·23
Oxyde de Carbone -	7·24	4·86	6·05	4·75	4·05	4·82	5·45	2·30	2·10	2·	4·07
Hydrogène - - - -	1·35	·10	1·30	·15	·55	·37	·15	·55	·05	·25	·03
Oxygène - - - -	4·20	·35	3·28	4·45	3.60	3·48	2·	2·80	1·95	2·60	3·29
Azote - - - - -	74·	81·04	75·	76·40	77·56	76·55	80·10	79·20	78·80	78·05	76·80
Carbures d'hydrogène.	2·06	- -	1·62	traces.	traces.	traces.	traces.	- -	traces.	traces.	traces.

	50 kil.	50 kil.*	50 kil.	55 kil.	60 kil.	65 kil.	70 kil.	70 kil.*	48 kil.	30 kil.	25 kil.
Acide carbonique - -	17·45	14·24	17·08	16·97	16·95	16·50	15·77	13·25	16·29	14·92	14·85
Oxyde de carbone - -	1·80	3·40	2·05	2·65	2·60	2·46	3·05	5·21	2·	4·79	4·38
Hydrogène - - - -	·40	·05	·32	·08	·17	·03	·21	·39	·58	·28	·69
Oxygène - - - - -	2·70	4·20	2·85	3·26	2·29	1·75	2·37	2·44	1·32	3·85	3·73
Azote - - - - -	77·65	78·05	77·15	77·	77·82	79·18	78·53	78·65	79·72	76·12	76·31
Carbures d'hydrogène.	- -	traces.	traces.	traces.	traces.	traces.	traces.	traces.	traces.	traces.	- -

" Il est à observer que les analyses 3, 7, 11, 13 et 19, marquées d'une étoile, indiquent la composition chimique des gaz
" recueillis pendant que l'échappement de vapeur était serré. — Les analyses 6, 9, 14 et 15, correspondent à des descentes de
" rampes.—Les analyses 16, 17 et 18, à des ouvertures maxima du régulateur, tandis que l'analyse 21 correspond à une vitesse
" d'arrivée, le régulateur venant d'être fermé. — Enfin les neuf autres analyses 1, 2, 4, 5, 8, 10, 12, 20 et 22, correspondent à des
" paliers, dans des circonstances de marche ordinaires."

TABLEAU DES PERTES DE CHALEUR

Dues à la seule Formation de l'Oxyde de Carbone dans le Foyer d'une Locomotive brûlant de la Houille.

REPOS	10 kil.	10 kil.*	18 kil.	20 kil.	25 kil.	25 kil.*	35 kil.	40 kil.	40 kil.	45 kil.*
155 cal.	111 cal.	131 cal.	106 cal.	95 cal.	104 cal.	126 cal.	59 cal.	50 cal.	48 cal.	88 cal.
51 0/0	36 0/0	43 0/0	35 0/0	31 0/0	34 0/0	41 0/0	19 0/0	16 0/0	15 0/0	29 0/0

50 kil.	50 kil.*	50 kil.	55 kil.	60 kil.	65 kil.	70 kil.	70 kil.*	48 kil.	30 kil.	25 kil.
43 cal.	84 cal.	48 cal.	60 cal.	59 cal.	59 cal.	72 cal.	118 cal.	45 cal.	103 cal.	97 cal.
14 0/0	27 0/0	15 0/0	19 0/0	19 0/0	19 0/0	23 0/0	38 0/0	14 0/0	34 0/0	32 0/0

N.B. " Remarquons, en passant, combien il est désavantageux d'être obligé, pour faire monter
" rapidement la pression dans la chaudière, de serrer l'échappement. L'augmentation de chaleur que l'on
" obtient de la sorte coûte bien cher, comme on le voit par le tableau ci-dessus, et il est à désirer qu'on
" arrive à pouvoir franchir les rampes par un autre moyen."

Depuis longtemps on avait pensé qu'il suffisait pour brûler ces gaz, se produisant inévitablement dans chaque foyer de chaudière à vapeur, de les mélanger avec de l'air atmosphérique introduit dans une proportion convenable dans l'un des carneaux de la chaudière stationnaire, ou dans la chambre de combustion de la locomotive.

Mais c'est là une erreur reconnue dans la pratique de chaque jour; car il faut, pour atteindre ce but, non-seulement la proportion d'oxygène voulue, et une température très-élevée, presque égale à celle qui existe dans le foyer même, mais encore, et surtout, une disposition d'appareil telle que nous la décrivons, effectuant deux combustions inverses, analogues à celles qui caractérisent le calorimètre destiné à prouver le maximum de l'effet calorifique d'un combustible, et ayant pour résultat, dans son ensemble, la transformation totale du carbone en acide carbonique, et l'utilisation complète de toute la chaleur développée, sauf une certaine fraction inévitablement perdue dans toute opération industrielle.

Le système se trouve complété par l'adjonction d'une chambre d'élaboration des produits, où ils s'enrichissent, au moyen de la vapeur, surchauffée ou non, qu'on y introduit, de manière à ce qu'un combustible maigre et anthraciteux puisse être utilisé aussi bien que le combustible le plus riche.

Cette double opération ainsi effectuée, selon les indications les plus précises de la science, pourrait-elle être assimilée à celle qui consisterait, comme dans le cas des gazéificateurs, à transformer un combustible solide en gaz ? — Évidemment non. — Nous ne voulons pas dire qu'un gazéificateur n'ait pas son utilité, même pour le chauffage des chaudières à vapeur, mais surtout dans les arts métallurgiques, et là où il s'agit d'utiliser les gaz perdus dans un four quelconque à puddler ou autre. Mais nous tenons à établir cette distinction capitale entre un appareil qui est purement et simplement le meilleur brûleur connu d'un combustible donné, — et celui qui transforme un combustible solide en gaz, pour le brûler à cet état, afin d'utiliser des combustibles de peu de valeur. En d'autres termes, brûler le carbone des combustibles dans un calorimètre, comme le font MM. Fabre et Silbermann, est-ce la même chose que gazéifier un combustible à la manière d'Ébelmen et de Beaufumé ? Il n'y a pas plus d'analogie entre ces deux opérations qu'entre les effets de notre appareil et ceux du gazéificateur.

Pour préciser nos considérations, il suffira d'ajouter que toutes nos données expérimentales ont corroboré les assertions qui précèdent, et que nous obtenons, avec l'appareil dont il s'agit, l'utilisation de 80 pour cent du pouvoir calorifique du combustible employé.

Le dessin qui suit montre l'application de notre système aux locomotives, qu'elles soient déjà en service, ou encore à construire :

U

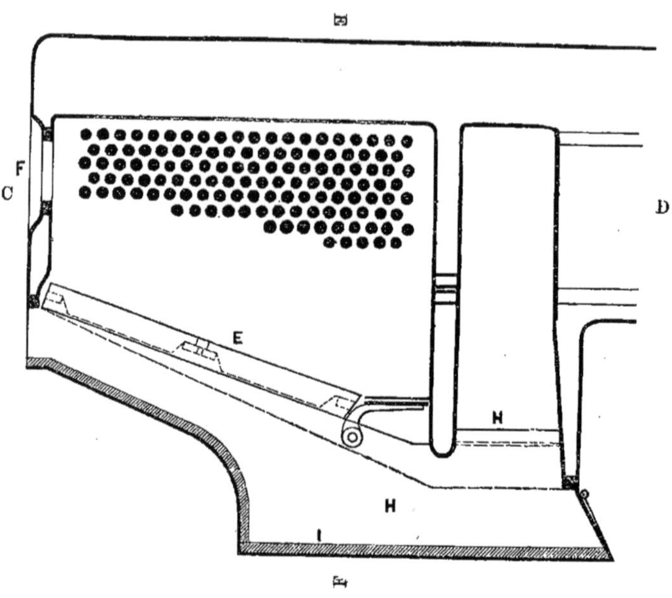

SECTION PAR C D.

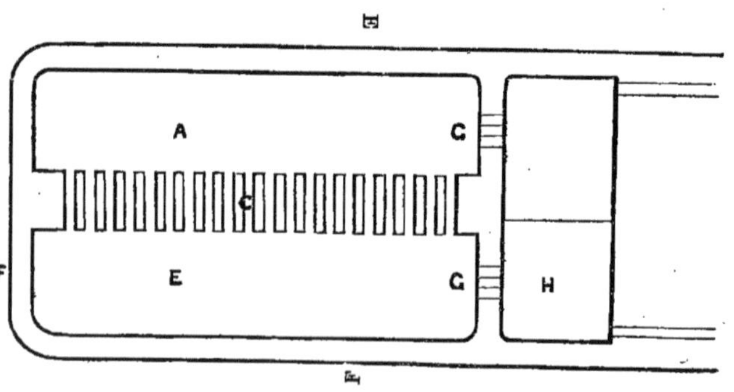

SECTION PAR E F.

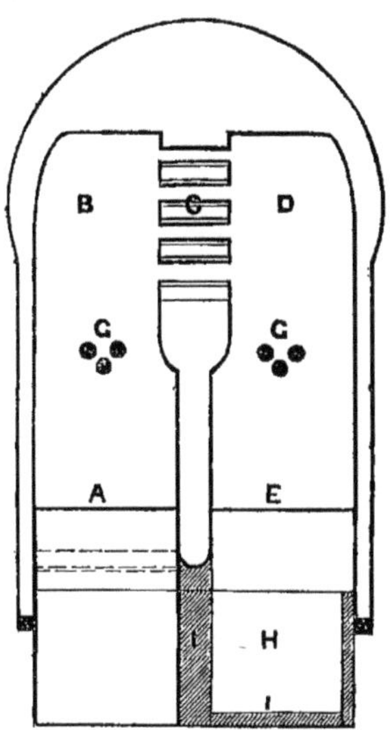

Description.

A. Grille ordinaire.

C. Tuyaux conduisant les produits de la grille A dans la chambre d'élaboration D.

D. Chambre d'élaboration.

E. Plate-forme perforée en pièces réfractaires.

F. Porte de chargement du combustible.

G G. Orifices servant à communiquer avec la chambre de combustion H.

H. Chambre de combustion.

(Se reporter à la description du premier dessin.)

On évitera les incrustations qui pourraient se former dans les tuyaux C et la couche d'eau qui les supporte— au moyen du substituant du condenseur à surface, placé dans une partie convenable de la chaudière,—par exemple, parallèlement au dôme de vapeur,—de manière à alimenter d'eau distillée la dite chaudière. Ainsi non-seulement les tubes en question seront dans un état de préservation complète, mais encore le corps de la chaudière ne pourra plus s'incruster : d'où résultera un autre ordre d'économie non moins considérable, provenant de la durabilité de ses parois,—surtout de celles qui font face au foyer.

Pour se rendre compte des résultats du système, la Compagnie du Great Eastern Railway a adapté notre mode de chauffage à l'une de ses locomotives qui était hors de service, et qui fonctionne actuellement, comme chaudière stationnaire, à la station de Stratford (à dix minutes de Londres), donnant son contingent de vapeur à la mise en mouvement d'une machine de cent chevaux, avec une économie de 33 à 40 pour cent sur les chaudières de 50 chevaux, en très bon état, qui fonctionnent à côté d'elle, tout en prévenant la formation de la fumée : * c'est ce que prouve le procès-verbal ci-après, portant la date du 15 décembre, et que nous prenons au hasard parmi ceux rédigés chaque jour sur les résultats du travail.†

---

* De plus, la Compagnie fait établir en ce moment à la même gare un substituant du condenseur à surface — destiné à alimenter d'eau distillée une chaudière de 50 chevaux. Les rapports seront publiés en temps opportun.   † Voir le texte anglais à la fin du volume.

LONDRES, 15 *décembre* 1864.

MONSIEUR,

J'ai l'honneur de vous adresser un duplicata du rapport de notre travail de ce jour à la station de Stratford, rapport que je viens d'envoyer à Mr. Robert Sinclair, ingénieur du chemin de fer Great-Eastern.

Agréez, Monsieur, l'expression de mes sentiments distingués.

E. H. AYDON.

RAPPORT sur les Expériences de Vaporisation d'eau par l'appareil de M. Émile Martin, faites aux ateliers de construction de Stratford, Chemin de fer Great-Eastern, de 5h. du matin à 5h. 45m. du soir, le 15 décembre 1864.

La chaudière était en pression au bout d'une heure, et un quintal et demi de combustible avait été brûlé ; mais disons seulement un quintal ou 112 livres.

Le compteur à eau de Siemens marquait à

6 h. du matin, c'est-à-dire au commencement de l'opération . . . . 2420 gallons

Il marquait à 5 h. 45 m. du soir, heure de la cessation du travail . . . . 3400 „

La différence est . . . 980 gallons

d'eau évaporée, ou en poids, 9,800 livres.

Consommation du combustible pendant la durée des expériences (13 heures) 1,092 livres anglaises ou 496k.4, y compris le combustible nécessaire pour mettre la chaudière en pression, et sécher les maçonneries qui avaient été refroidies à l'excès pour l'expérience.

9800 : 1092
8736
———
10640
9828
———
8120

Soit 8·974 livres d'eau vaporisées par chaque livre de combustible, y compris celui nécessaire à la mise en train.

Total du combustible brûlé . 1092 livres angl. ou 496k.4
A distraire le combustible dé-
pensé pour mettre en pression la chaudière, sécher
les maçonneries, etc. . .   112 livres angl. ou 51k.

Il a donc été brûlé pour
vaporiser 9800 livres d'eau   980 livres angl. ou 445k.4

Donc, en défalquant les 112 livres ou 51k. nécessaires pour la mise en train de la chaudière, il a été vaporisé 10 livres d'eau par chaque livre de combustible.*

E. H. AYDON, Ingénieur.
JOHN BALLOCK,
Chef des ateliers de la station de Stratford
(chemin de fer Great-Eastern).

* Les expériences des jours suivants ont donné jusqu'à 10 livres et demie, ainsi que le constatent les procès-verbaux.

Complétons ce document par une lettre de M. Clark :

OPINION
sur la Chaudière à double combustion de M. Émile Martin.

24 octobre 1864.

L'OBJET spécial de cette chaudière est d'effectuer la combustion complète des combustibles minéraux, et d'obtenir ainsi le maximum du pouvoir calorifique qui puisse être développé par une double combustion.

Cette chaudière sera reconnue très-avantageuse dans tous les cas où le combustible, dans les circonstances ordinaires, est imparfaitement consumé.

Indépendamment de ses qualités comme générateur de chaleur, la chaudière verticale de M. Émile Martin est également un générateur de vapeur des plus efficaces, ayant à la fois un courant ascendant à travers les tubes verticaux et un courant descendant dans le milieu de la chaudière.

De plus, elle est pourvue d'une méthode des plus simples pour faciliter la libre circulation de l'eau et de la vapeur dans les tubes : ce qui augmente, avec la puissance de vaporisation, la sûreté et la durabilité de l'appareil.

A tous ces égards, et particulièrement à celui de l'entraînement de l'eau qui est empêché par une disposition spéciale dans le dôme même de vapeur, l'appareil de M. Emile Martin est donc, je le répète, une chaudière des plus efficaces, et peut avantageusement soutenir la comparaison avec les chaudières verticales multitubulaires de Zambeau et des meilleurs constructeurs.

D. K. CLARK.

Ajoutons que MM. Kitson et Cie, de Leeds, construisent en ce moment, pour le compte de la compagnie du Great-Eastern Railway, une locomotive dont la chaudière est chauffée par notre système, locomotive à voyageurs, qui sera mise en service actif à partir du mois de janvier prochain.

Enfin, — et ce n'est point l'un des moindres avantages pratiques qu'ils offrent, — nos appareils peuvent s'adapter à *toute espèce* de chaudières en service actuel, — même aux chaudières marines. Si nous prenons, par exemple, le *Ryhope*, frégate de 90 chevaux, dont la chaudière doit être reconstruite, et pour laquelle on propose l'adoption de nos appareils, il résulterait du dessin que nous avons fourni que l'un des quatre foyers existant serait totalement supprimé, et que néanmoins on obtiendrait encore une économie de 20 pour cent du combustible employé.

Pour conclure, veut-on se rendre compte de l'économie énorme qui serait réalisée par l'application générale de notre système? Les documents officiels publiés par le *Board of Trade* en 1864 montrent qu'il existait en Angleterre, à la fin de l'année précédente, 6,643 locomotives en service actif, et que, pendant l'exercice 1862-63, 645 ont été construites. Il suffit de multiplier ces nombres par l'économie démontrée obtenue avec un seul appareil, soit en moyenne 30 pour cent (et cela en prévenant toute formation de fumée : ce qui permet de brûler de la houille au lieu de coke). Cet ensemble de locomotives représente un total de 1,000,000 chevaux-vapeur, et la navigation de son côté en représente 850,000. Or, comme chaque machine travaille en général au triple de sa valeur nominale, on peut, dit M. Fairbairn, élever à 11,000,000 chevaux-vapeur la totalité de la force motrice dans la Grande-Bretagne seulement !

En présence de totaux aussi formidables, présentés par la statistique, il est évident que la moindre économie réalisée doit être prise en sérieuse considération. Mais il importe, ainsi qu'on l'a fait remarquer au début de ce livre, de bien préciser ce qu'il faut entendre par *économie du combustible·* Sans entrer dans de nouveaux détails, superflus peut-être, on peut dire que ces mots, si souvent répétés, ne semblent pas jusqu'ici avoir été pris dans leur acception absolue. Prétendre réaliser une économie, c'est évidemment se proposer à soi-même un terme fixe de comparaison. Or, ici la fixité dans les termes n'existe pas. Un exemple suffira pour le dé-montrer.

Étant donné une chaudière produisant 4 ou 5 kilogr. de vapeur pour un kilogramme de houille (rendement moyen d'une chaudière à vapeur en Belgique), doit-on appeler *économie* dans le sens vrai du mot, — c'est-à-dire en partant de ce point de vue de l'utilisation la plus grande possible du pouvoir calorifique du combustible employé, — le fait de lui faire produire 6 ou 7 kilogr. par une amélioration de détail quelconque, qui consisterait soit à régler l'admission de l'air par une fermeture automatique, soit à remplacer le tirage naturel de la cheminée, qui coûte 25 pour cent du combustible chargé sur les grilles, par un tirage artificiel qui ne coûte que 2 à 2½ pour cent, comme on l'a fait sur quelques steamers de l'État, soit à introduire d'autres perfectionnements, indiqués aujourd'hui dans tous les ouvrages de mécanique, sans parler des soins du chauffeur, qui, on l'a vu à Amiens et à Mulhouse, peuvent réaliser jusqu'à 30 et 40 pour cent ? Toutes ces améliorations accessoires, toutes ces précautions suggérées par la pratique de chaque jour, ont certainement leur valeur et ont fait progresser la question. Mais elles ne constituent, il faut le reconnaître, qu'une économie précaire, — accidentelle, — *relative*, — et non ce que l'on pourrait appeler une économie *effective* et *de principe*, la seule rationnelle, la seule qui puisse avoir des conséquences sérieuses et durables.

Soit un kilogramme de houille brûlé dans un laboratoire par les soins d'un physicien, la théorie a prouvé que 12k.40 de vapeur saturée sèche peuvent être produits. Or, comme la pratique doit se rapprocher le plus possible de la théorie, ce qu'on peut appeler *l'économie effective* consiste à produire le plus grand nombre de kilogrammes possible de vapeur avec un kilogramme de houille. Qu'a donné la pratique jusqu'ici ? — 4, 5 et 6 kilos. Que dirait-on d'un appareil en produisant 10 ? Là est toute la question ; c'est là que doivent tendre tous les efforts ; c'est là enfin que réside la véritable économie.

F I N.

DOCUMENTS ORIGINAUX.

(*TEXTE ANGLAIS.*)

December 15, 1864.

DEAR SIR,

I have the honour of addressing you a duplicate of report of our work to-day at Stratford Station, a report of which I have sent just now to R. Sinclair, Esq., Locomotive Superintendent of the Great Eastern Railway at Stratford.

I am, dear Sir,

Yours respectfully,

(Signed)   E. II. AYDON.

REPORT of Experiments on the Evaporation of Water by M. Émile Martin's Apparatus, as tried at Stratford Engine-works, Great Eastern Railway, from 5 a.m. to 5·45 p.m., the 15th December, 1864.

NOTE.—One hour was taken to get up steam, and $1\frac{1}{2}$ cwt. of fuel used; but say only 1 cwt., or 112 lbs.

Water-meter marked 2420 galls. at 6 a.m., time of starting.

Do.   do.   3400 ditto at 5·45 p.m., time of leaving off.

    980 No. of galls. (difference) evaporated.

    10 lbs. in one gall.

    9800 Total lbs. of water evaporated.

Consumption of fuel during the time of trial (13 hours), 9¾ cwt., or 1,092 lbs., including fuel used in getting up steam.

$$1092) 9800 (8{\cdot}974 \text{ lbs.}$$

of water evaporated by 1 lb. fuel, including the fuel used in getting up steam.

    8736
    ——
    10640
    9828
    ——
    8120

1092 Total fuel used.

 112 Fuel used to get up steam.

 980 lbs. fuel used to evaporate 9,800 lbs. of water.

980) 9800 (10 lbs. of water evaporated by one lb. of fuel, excluding the fuel used for getting up steam.

    980
    ——
    ...0

(Signed)   E. H. AYDON, ENGINEER.

JOHN BALLOCK,
Foreman of the Works at Stratford Station,
Great Eastern Railway.

OPINION on M. Émile Martin's Double Combustion Boiler.

24th October, 1864.

THE special object of this boiler is to effect the complete combustion of carbonaceous fuel, and thus to realize the maximum of heat that can be generated by a double combustion.

This boiler will prove very advantageous where the fuel is, under ordinary circumstances, imperfectly consumed.

Independently of its merits as a generator of heat, the upright boiler of M. Emile Martin will prove a most efficient generator of steam, as it combines an ascending draught through vertical tubes with a descending draught down the middle of the boiler. It is provided, moreover, with simple appliances for promoting the free circulation of the water and the steam about the flue-tubes, by which the evaporative power is improved, and the safety and durability of the boiler are increased. In these and other respects, M. Émile Martin's boiler would be a very efficient boiler of the ordinary kind, and it may be advantageously compared with the usual upright multitubular boilers of Zambeau and others.

D. K. CLARK.

LONDRES :
IMPRIMERIE DE COX & WYMAN,
74 et 75, GREAT QUEEN STREET, LINCOLN'S-INN FIELDS, W.C.

OUVRAGES DU MÊME AUTEUR.

Pour paraître le 1ᵉʳ mars 1865, à la librairie Kraft, à La Haye:

I.

DU CARBONE DE LA HOUILLE ET DE SES DEUX COM-
BUSTIONS SUCCESSIVES.—Ouvrage publié sous les auspices
de Son Excellence Monsieur le Chevalier W.-J.-C. HUYSSEN VAN
KATTENDYKE, Ministre de la Marine Royale Néerlandaise.

II.

MOYEN DE PRÉVENIR L'INFLAMMABILITÉ ACCIDENTELLE
DES HUILES DE PÉTROLE ET AUTRES HUILES MINÉ-
RALES VOLATILES.—Traité pratique de l'extraction du pétrole
en Amérique et de ses différens degrés de distillation.

III.

DE L'EAU DISTILLÉE, SUBSTITUÉE A L'EAU ORDINAIRE
OU A L'EAU DE MER, POUR L'ALIMENTATION DES
CHAUDIÈRES A VAPEUR.

LONDRES :
IMPRIMERIE DE COX & WYMAN, 74 et 75, GREAT QUEEN STREET, LINCOLN'S-INN FIELDS.

www.ingramcontent.com/pod-product-compliance
Ingram Content Group UK Ltd.
Pitfield, Milton Keynes, MK11 3LW, UK
UKHW021929070726
13614UKWH00001B/338